东北流亡文学史料与研究丛书·史料卷

四十年间
——雷加回忆录

雷加 著

北方联合出版传媒(集团)股份有限公司
春风文艺出版社
·沈阳·

主　　编　张福贵
史料卷主编　李霄明

图书在版编目（CIP）数据

四十年间：雷加回忆录/雷加著．—沈阳：春风文艺出版社，2020.6（2022.2重印）
（东北流亡文学史料与研究丛书）
ISBN 978-7-5313-5807-7

Ⅰ．①四… Ⅱ．①雷… Ⅲ．①雷加（1915—2009）—回忆录 Ⅳ．①K825.6

中国版本图书馆CIP数据核字（2020）第099540号

北方联合出版传媒（集团）股份有限公司
春风文艺出版社出版发行
http://www.chunfengwenyi.com
沈阳市和平区十一纬路25号　邮编：110003
永清县晔盛亚胶印有限公司印刷

责任编辑：姚宏越　刘　维	责任校对：于文慧
封面设计：马寄萍	幅面尺寸：155mm×230mm
字　　数：157千字	印　　张：11
版　　次：2020年6月第1版	印　　次：2022年2月第2次
书　　号：ISBN 978-7-5313-5807-7	
定　　价：48.00元	

版权专有　侵权必究　举报电话：024-23284391
如有质量问题，请拨打电话：024-23284384

目 录

童　年 …………………………………………001
一支抗战的歌 …………………………………008
宛　平 …………………………………………015
夏　令　营 ……………………………………018
渤海湾之夜 ……………………………………020
流亡二题 ………………………………………023
首渡黄河 ………………………………………027
游击二月 ………………………………………042
战士形象 ………………………………………058
在窑洞里 ………………………………………069
往事不容空白 …………………………………079
陕北随笔 ………………………………………117
一次"突击" ……………………………………152
不能对生活骄傲 ………………………………154
多一种艺术多一种美 …………………………160

童　年

我生在鸭绿江边一个小镇子上。它叫三道浪头，单单这名字不知给鸭绿江添了多少美。

江岸坡陡，每天有两次潮水冲刷它。夹芯子①随着潮水涨落，时高时低。各种烟囱的火轮停在江心，其中有个歪脖子烟囱，至今留在我的记忆中。等待装船的木排，遮满了江面。我知道下游不远出了江口就是大海，上游有个我梦寐以求的繁华城市——东边道属"安东"（今丹东）。

我什么时候，第一眼瞧见这江水的呢？在梦中，还是在母亲的怀抱中，我记不清了。什么时候我才懂得它的江水绿得这么美呢？我也说不清了。但，它的确绿得真美，绿得透心的美。

那也许是，在我大门前的小河沟里。这河沟每天都有潮水涨落。它随着月亮的圆缺，有几天水到大门槛了，有几天又后退了。当时我只顾捉虾摸鱼，并不晓得这就是大地的时间刻度。

也许，它是在我第一次乘船去安东的时候……木船叫舢板，有高大的篷布，上行三十里，顶流又逆风，船舷吃在水里，桅杆倾斜，左右穿梭，像之字形在江面上横行，这叫"滑槛"。

也许是，当我第一次乘坐爬犁的时候，人站在爬犁后面的木掌

---

① 夹芯子：即江心沙洲。

上，用带铁锥的长杆戳冰前进。辽阔的江面，一片冰的世界。狗皮铺在爬犁上也抵不住寒冷，流泪的两眼，全是闪光的快乐。

不，也许是我在冬寒中看见的那些预备下窖的冰块，一个个四方体，看上去是白的，两侧又是绿的，它比玻璃砖侧面的绿色还绿，这是渗透灵魂深处颤抖着的绿。

有一年，冬雪刚刚落下，空气温暖而又那么静寂。街上无行人，灯光疏落，只听见雪片落下的声音。在洁白的白毡似的道路上，只留下了我的一双脚印，我一直走去，走进梦乡。梦中我看见的又是鸭绿江水，它的绿色一直带进我的梦乡。

绿色的梦啊！你的绿的生命，比晴空万里的蓝天，比繁星托顶的夜空还要诱人。

我的父亲，也是我的梦。

他是从海南①凭着祖传中医闯关东的。当时他也年轻，又是那么文弱，一直到老，他也是一个极其和善的老人。他有一双柔嫩红润的手，手指上留着长长的指甲。不到三十岁他就蓄起胡须了，为的是他擅长妇科，常常给年轻的妇女把脉，不如此就不够庄重、正派。他讷言，又声音不大，也不常正视病人，只是在看舌苔和专注病人面孔某一部分时，才看上一眼。他的声音只有病人听得见，又是那么娓娓动听，仿佛先向患者通过脉搏传进心声，这是驾驭人道主义所必需的。他的话，除各种病情专门用语外，一般都是鼓励的话，解除顾虑的话。这些话如同一般的寒暄、问候，极其平常，然而又是不可缺少的，就像药方中离不开甘草之类那样。随着他的声望的增长，这些话的分量更加不同了。他的一分安慰，唤起了患者的十分信心。这在疗效上是十分重要的因素，后来他成了当地的时医和名医。当他名噪一时时，仍极谦恭、和善。他是一个怕远行的人，却到鸭绿江对岸朝鲜

---

① 海南：闯关东的人称山东老家为海南。

龙岩浦那个地方给人看病。有一次，一个病人拿走了他挂在墙上的水獭皮帽，他也毫无怨言。他从不曾呵斥过我，我记得他在冬夜里还为我把棉袄里比针脚还密的虱子捻死，又放在一个小酒杯里。我不记得他曾违背过我的心愿，我十五岁去沈阳，又流亡关内，还到过海外，在经济上他是负担不了的，但他从不阻拦，只有爱护，也从不担心。他在我面前，很少显露父亲的尊严，但我却格外敬爱他。

我曾想过，他当年怎样一个人到关东来的呢？怎样又落在这个小镇子上呢？

后来我接触到安东各大商号的黄县帮、蓬莱帮、牟平帮……他们多是同县的，也有同村的，似乎各有源头，到了关东又各有自己的集中地。这当然是长期流民所需要的自然而然形成的流动渠道、集散地点和一个又一个小的集体。我又遇见过拉帮结伙的上山挖参的人，放木头的人，还有每年一次从上游往下放木排的人。他们似乎也是由一根看不见的线穿起来，互相照应，各有对方的亲谊，这是一个又一个被联结起来的纽带，他们为了谋生，齐心奋斗又各自前进。

他们都是胶东半岛人，我由各种不同的又相差无几的方言中听得出他们是哪一个县份的人。他们没有结社，也没有海誓山盟，但有不可动摇的信条、相互帮助的义气。他们过年过节遥拜海南的祖先，但更崇拜天上的秃尾巴老李和地上的"老把头"。这两个传说，是他们信仰的神，忠实的伴侣，信心和胜利的象征。

秃尾巴老李，是一条秃尾巴黑龙。它不只是汉族人的，在黑龙江两岸，它也是满族人的、鄂伦春族人的、赫哲族人的……似乎这是各族人民都有的众多的神，或者只这么一条秃尾巴老李，各族人民为了各自的幸福都愿意它是属于自己的。无疑它是公认的黑龙江之神。神话自有一种夸大的脸谱和非凡的性格。有的说是一条孽龙，有的说是一条大鱼，有的又说它是犯了天条被禁锢起来的神。它的脾气也反复无常，一发脾气翻江倒海，其害无穷；但又说它素以乐于助人出名。

前者突出了后者，没有严威，反而给人以无穷的力量，艰辛的人们，需要香膏和信心。它偏爱山东人，船上有了山东人就不会翻船，又说它自己就是山东人，淹死在江中，因它秉性刚直不阿而成神。黑龙江水浪冲天，常常翻船，这里立下一个规矩，开船之前，船老大必要吆喝一声：山东老乡来了没有？如果无人应声，此船不开。当然山东人多，总有人在，船老板因此放心，所有老客也都沾光，这显示了山东人的光彩，也显示了秃尾巴老李无微不至而又无处不在、忠于职守的恩泽。

兴凯湖东端的龙王庙，供奉的就是秃尾巴老李，香火极盛。这是神化了的人，为了信仰把神人化了。但老把头的传说更有烟火气。

山东莱阳县有个姓孙的老把头，到长白山挖参，迷路饿死在山里。临死前，他咬破手指在石壁上写道：

家住莱阳本姓孙，翻山过海来挖参，
三天吃了个蝲蝲蛄①，你说伤心不伤心。
要有家人来寻找，顺着江河往上寻……

老把头死后成神，与山神爷齐名，他专门保护放山的人。大家把他当作放山人的祖师爷。每逢节日或挖到大参，都要杀猪宰羊祭祀他。在山里迷了路或遇到野兽，也求他来保佑。

山里有不成文的规矩：树墩子不能坐，要表示尊敬，因为这是老把头的桌子。

到了山里，晚上生火睡下之前要烤乌拉，烤完要抖搂几下，这是必不可少的仪式，借此表示你要住下，老把头夜间准来，保你安全无恙。这是不可不信的，林子里夜间根本看不见星星，不时有亮光出现，这又是什么？这就是老把头巡夜的灯笼。夜里安睡的人，偶尔睁

---

① 蝲蝲蛄：即蝼蛄。

开眼睛都曾看见过。

这又是神化了的人，果有其人的话，确是把人神化了。

两者有时合而为一，一个在天上，一个在地下。秃尾巴老李是天上的福音，老把头却又那么可信，对比起来，还是老把头比秃尾巴老李更加亲切些。

凭着对老把头的信念，解救了许多人，又鼓励了许多人。闯关东的人全都富于创业精神。老把头就是这些人的保护神和精神支柱。虔诚于老把头，就是忠实于朋友和坚定了自己。这支长年不息的移民队伍，他们在前进中有了老把头的引导和保护，勇敢得像用一根铁链穿起来一样。

我想象不出我的父亲，这个文弱书生，早年是怎样来到这里的，但我相信他也受过老把头的保护。听说他在家乡考秀才未中，回到半路上走着走着睡着了。体弱呢？灰心丧气呢？他来关东时一定也是挤在三等舱里，连动也不敢动，听着一片海浪声，脖上挂着一串杠子头火烧，又干又硬，啃了一个又一个，一直到旅程的终点。那时他心里想的什么呢？他不能挖参，也不能放木头。那时他是那样年轻，能够凭借自己的医术谋生吗？他写一手好字，后来全镇过年的对联几乎全是他写的。他也有几本古医书，他又是怎样学习的呢？我听他说，我生下来那天，这位年轻的父亲踩在没膝的雪里，一步一步向山中小屋走去。他吸烟，也喝一点酒。养了几盆花，还有一幅郑板桥的竹子，这就是他全部生活的色彩。此外，他谨慎、克己、平淡、清雅，又为什么那么名噪一时呢？为什么我们的家像所有闯关东的一样，除了几个同乡别无亲友呢？庭院中有明月星空，却没有当地的传说和歌谣。一个异乡客人，怎么单单留在这个小地方又落地生根了呢？

但是，我从父亲身上却看出他的传统的信念：要帮助人，尤其是同乡。已来的同乡，有的编席子，有的以贩卖劈柴为生。他们来求帮，告贷，父亲从不拒绝。每隔几天就有从龙口、烟台开来的火轮，他们全都山东人打扮，携家带口，在我家住上几天，又转向别处。有的又一住住下来，作为长期客人。我有一位二叔，驼背，也讷言，从山东老家来过两次。我总爱吃他带来的炒面。炒面是黄色的，放在手心里，水要和得匀，手要攥得紧，然后一口一口咬着吃。家乡出麦子，但不能全吃麦子，这应该做点心用，或者赶集用，绝不是庄稼人在地头果腹用的。我二叔回山东时，总带些钱去，最初是修理房屋，后来是盖了一所新房。

我父亲从来没有回过山东。他不想海南吗？他一走由谁来挣钱盖房呢？父亲在镇边上也盖了几间草房，我前边说过的潮水小河沟，就直接通到门前。镇上只有一口好吃的水井，平常由挑水夫送水上门，按月付钱。这里地势较高，但那年海啸，海水进门，又淹没了炕沿。父亲当时害眼疾，多少天不好，只好用品红涂红了眼圈，一只小船把我们全家救到山上，他的眼疾也就不治而愈了。海啸能治眼疾，这是他想不到的医药良方。

我的母亲善于持家，每年总要晒酱、养鸡、养鹅。她能撅撅鸡屁股，看它是否下蛋，也能从刚刚孵出的小鸡里分出公鸡母鸡。房头有个小菜园子，她自己种了苞米、豆角。她常给我吃刚摘下的黄瓜，我偏要去偷吃黄瓜，因为她摘下的都是大的，我可更爱吃小的、嫩的。当一个同乡，也就是我上面说的当挑水夫的那个，因为年老了，再不能挑水了，便住在我们家里，这时菜园就扩大了一些。有一年父亲又叫他在篱笆外面空地上种了几排杨树，一过冬全死了。这是猪的祸害，不能怨他，何况他又只有一只眼睛。

我只有同岁伙伴，没有一个沾亲的姑表兄弟，我家离镇子又远，也没有什么人来往，这个孤独的挑水老人，便成了我的友伴。又过了一年，他的另一只眼睛也看不见了，常常躺在他的小炕上，没有一点声音，平常他也是一个不大说话的人。

那年夏天，几个同学随便遇到山坳里一个小山神庙，有人说砸了它，跟着扔去无数石块，我也抬起腿把山神牌位踢下坡。那正是中午,炎阳当头,我在回家路上,感到头晕,没有精神,不知为什么我没有走正门,进屋之后又躲在门扇后面,坐在那里发蔫。过了好久,母亲才发现,说我发烧。一连躺了好多天,原来出了一场水痘。有几天我昏昏迷迷,总有挑水老头摸着走来陪我。我病好之后,发现他突然苍老多了,步履更加蹒跚了,是不是他也病了一场呢?

到了秋天,父亲计议让他回山东老家。中国之大,从海南到关东,犹如到了外国,家中虽无近亲,落叶归根,故土总是亲的。于是买了船票,把杠子头火烧穿起来准备挂在他的脖子上,这是闯关东路上必需的食物;又给他结了伴,一路上可以招呼他。那是第二天早晨,准备上船了,他的行李卷也用绳子捆好了,放在炕头上;可是人没有了。

厕所里没有,前邻后舍也走遍了,呼喊也没用,因为他的眼盲不会走远。可是人呢?又过了一个时辰,才在菜园的尽头找到了他。我在大人腿缝中间看见他半屈着腿,用自己的腰带在一根木桩上吊死了。我没有看见他低垂的面孔,只见一串嫩黄有花边的,像一串向日葵似的杠子头火烧,挂在他的脖子上……

我被人推开了,只听见父亲叹了一声:"晚了一步,这怨我,早两年打发他走,就不会……"

我又默记了一条信念:帮人要帮到需要处。

无疑,挑水老人在他奋斗的一生中是个失败者,在他的孤傲精神上又是一个胜利者,他始终是老把头的好友,一生中贡献了自己,也得到不少帮助。

这就是我的童年,伴着鸭绿江水度过的一点珍贵的记忆。

鸭绿江永远萦回在我的梦中,永不消逝的绿波流过了我的一生。我为着"收复失地""打到鸭绿江边"这些响亮的口号,追随着真理和共产党,开拓了我的生活道路。

1981年2月11日

一支抗战的歌
——回忆居京几年生活

一

五十七年前的九一八事变，忽然变成有争议的事件。过去说抗日战争从七七事变开始，现在有人提出应从"九一八"算起。

这该是历史学家的事。但是，东北三省从来不属于帝国主义，而三千万民众也不是生下来就戴着一顶亡国奴的帽子。敌人铁蹄踏进国土，在"不抵抗"的同时就响起了御侮枪声。这应是战争的最好注脚。

这由当年的东北流亡学生做出回答。

二

我作为流亡学生由沈阳来到北京，那是1931年的秋天。

不过，我先说说我那一段不同一般的经历。

当年我是沈阳冯庸大学中学部的学生。冯庸这个名字常常是和张学良连在一起的，正像他们的父辈冯麟阁和张作霖在东北同样出名一样。东北大学系张学良所创，属东北所有。冯庸气魄更大，以自己名字命名学校不说，又独家经营。他本人也住在校内，亲自主持校政。依我说他是我见到的事必躬亲的最合格的一位校长。他标榜工业救国，城内有实习工厂。校舍建筑在南郊揽军屯，紧靠浑河，又有南满铁路从门前经过。这是一片开阔的河滩平地，校舍格局新颖，又有一个合乎奥林匹克规格的运动场，此外还有一个私人用的飞机场。校长冯庸有自己的汽车、坐骑，还有自己驾驶的飞机。飞机二人座，大概是德国生产的。每年8月8日是校庆。我入学第一年校庆那天，冯庸驾机低空飞行，在运动场上空撒下一片片彩纸。彩纸上写着各种奖品，学生可凭此到小卖部领取各种食品和饮料。记忆尤深的是鱼皮豆，其味甘美，小城市没有，我在沈阳才第一次吃到。这种活动是娱乐，也是竞技和运动。它要奔跑，要追逐，又伴着青春的欢乐。

天天要锻炼和运动，这是冯庸办学"工业救国"的应有之义。要"工业救国"，首先排除"东亚病夫"的羸弱，所以学校有一整套特殊的管理和要求。每天早晨起床号一响或未响之时，冯庸本人已穿戴整齐（他的服装与学生一致），站在宿舍大门中间（宿舍之大实为少见，十几排铁床，可住三四百人），宿舍大门是他打开的，用他那一根狗头银饰手杖连连敲着地板，号声和手杖的威力，使学生们纷纷从床上跳起，像一股股浪头似的冲出大门，先到洗澡间淋浴，然后在礼堂前边集合早操。早操多半是跑步，早操之前先唱校歌。学生们个个站得笔直，我总觉得严寒冬天比夏天时间来得长些，因为不到两分钟两手血管的温度仿佛降到零下十几摄氏度，冷不可耐了。还有不论冬夏，每到下午的运动时间，宿舍和图书馆的门一律上锁，学生都得到操场上去。此外，还进行军事训练，教官都是由军校请来的，我敢说，一些动作的要求不次于任何正规部队。

正因为校内有飞机，有枪支，九一八事变第二天，日本侵略军就乘汽车来了。除了北大营，我们学校被当成了第二个目标。先把我们围在锅炉房外面墙角里，支上两挺机关枪，然后一队队日本兵在校舍内进行全面搜查。我们这些学生竟成了最大的捕捉目标,直到傍晚,这群强盗才呼啸而去。

校方做出安排,立即集体撤离,我们连夜空手徒步,越过南满车站,直奔北宁线皇姑屯车站。

就这样,我们别离了故土沈阳,经山海关来到北京。

三

故都北京曾是敲响天鼓,后来又为抗战歌曲所湮没的城市。它是从来不屈服于任何暴力而举行过无数次游行示威的城市。它又是全国最高学府的圣地,无数游子的故乡。它对任何人都袒露出宽大博爱的胸怀。

我们住在广安门师大二院校舍内。当时从菜市口到广安门是一条尘土飞扬的大街,不少出名的会馆,都在宣武门外,几家大报馆也在宣外大街上,菜市口的西鹤年堂(中药店)也因是斩首示众的地方而远近知名。不过我们最留恋的是师大二院的大操场。它同沈阳操场比起来,只是沙砾少些,尘土多些。军事教官在我们生活中一直占主导地位,现在目标更加集中,再没有比军事生活更能鼓舞斗志的了。我们每天早晨从跑步开始,做着各项军事活动,仿佛为了一个切近可靠的目标。北京古城处处显得端庄持重,又落落大方;但它自身又有着不可克服的畸重和倾斜度。王府官邸多在东城,当年被攻击的段政府也在东城。可是绝大多数廉价的学生公寓,都在西城。因此所有的游行队伍,也都是由西向东行进的。西直门是游行队伍集中点,又是大进军的出发点。这是因为具有抗战意识的各大学校都在西城,那么,进关的东北流亡学生及其学校,也都在西城就不足为怪了。这时出现了专收东北学生的东北中学、志成中学,也成立了专门供应东北学生的简易食堂。

东北名流,政界的、学术界的,也都齐集北京。他们从事各种活动。他们是后来东北义勇军和东北救亡总会多种活动的先驱。

一·二八淞沪抗战开始了。"冯大"同学组成了抗日义勇军，立即开赴前线。

我们全副戎装，每人戴一顶白兔毛缝成的双耳下垂的皮帽，不仅别致，也颇为壮观。由广安门步行到前门车站无疑是一次示威，也是我们这些东北学生得以如愿以偿的首次行动。

我们乘坐的闷罐车是用卧轨的壮举争来的。现在前门车站的铁轨已拆除了，但那一次及"一二·九"前后的卧轨的记忆，是永不会在这些流亡学生头脑中抹掉的。

"冯大"抗日义勇军开赴前线是一条不大不小的爆炸性新闻。义勇军中有女兵，女兵龙文彬的头像登在画报上面，这消息立刻传遍了全国。我们先到上海郊区，又到了浏河口，在大堤上不停地挖战壕，我们为将开来的抗日部队准备着。挖了几天之后，为了避免日机白天干扰，改为白天休息夜间工作。我们住在老乡的茅屋的地铺上；也记得那是月亮正圆的日子，夜晚江堤上由于江水的反射，犹如白昼。大概是白天休息的第三天正午，在日机的侦察之后，敌舰偷偷开进长江口，并用大炮开始了轰击。敌舰停在浏河口江面上，距离村庄不过二三里。大炮是那样震天的响，就像一个个炸雷。每颗炮弹都从我们头上飞过，敌机群也在头上盘旋。我们立即撤退。我们飞跑的速度当然没有炮弹的速度快，因此，炮弹永远落在我们前面。当我们停下来时，炮击也停止了。这种炮击是为敌军开路的，据说，敌军由此登陆才使上海失守的。总之，抗日部队始终没有来，我们在无任何兵种掩护下平安地撤下来了。我们的撤退也是按平时训练的规范进行的：起床，打背包，集合，跑步……又是从容不迫的。以我为例，跑出五百米后，突然发现我的钢笔失落在茅屋内，那是在中午休息时，我记了日记之后顺手将钢笔放在枕头下面的。我终于一个人回去在稻草中找到钢笔，又追上了队伍。

四

我们从浏河口撤到苏州，又从苏州回到大后方——北京。

不久，又是古北口抗战。这时马占山将军在东北抗日的消息传遍全国，上海各地纷纷组织"援马团"到北京来。因此，北京不只是大后方，它有时又是抗战前线。东北的各种抗日活动，抗日的每个信息都像一面战鼓，响彻全国。

这时，我们学校由师大二院搬到西直门内陆军大学旧址。它原叫崇元观，可殿堂早已不见了，只有一排排灰瓦平房，便于设置教室和宿舍，最后面又是一个大操场。有灰砖墙围起来，墙内一排柳树。我们满腔爱国的热血，又是青春年华，每逢皓月当空，常常是遥望关外的家乡，还带着"月上柳梢头"的惆怅。

时局逐渐平静下来，愤怒的火焰也一时平息下来。"冯大"准备复课。复课之前，校长冯庸带领学生在大礼堂里掘地三尺，为的是将它改建成一座室内篮球场。在关外学校里什么都有，缺少的就是一座室内篮球场。这是一段浑浑噩噩的快乐日子，在冯庸的脑子里又泛起了工业救国和注重体育锻炼的梦想。

复课没能实现，倒是冯庸大学与东北大学合并了。它新设置的"边政系"，体现了新时代的需要。

学生情绪的寒暑表在下降，读书的空气浓厚起来。在两校合并的同时，有的同学投考燕京大学和清华大学去了。其中大多学理工科，绝少文科。还有不少人报考了杭州笕桥的航空学校，这些人在七七事变后的空战中光荣地实现了自己为国献身的理想。

还有一种人既不报考学校，也不对时局抱完全消极态度，而是一头扎在北京图书馆，为将来的战斗积蓄力量。

这些人不是少数。他们散居在西城区各个公寓里，每天早晨按时来到北海边的北京图书馆，像是走进自己的教室，每天有固定的位置，他们有自己的引路人，引路人就是一张大致相同的社会科学阅读书目。他们表面上是那样甘于寂寞，生活又是那样平淡无奇。中午只在附近的小摊上果腹，傍晚才走回自己的公寓。

有多少人难以忘怀这种公寓生活。是不是当时只有在北京才有这种既低廉又服务周到而且便于学习的公寓呢？它哺育过那么多穷学生，这些穷学生中又出现了那么多学者和志士。公寓生活的存在，我以为它是精神文明和学术研究的殿堂。这些公寓遍布西城二龙路、辟才胡同，还有北大红楼附近的中老胡同、东老胡同，还有后门的慈慧殿……

当时我就是住公寓去图书馆的东北流亡学生中的一个。

五

其间我在日本住了两年，到1937年3月我又回到北京来了。

这是"一二·九"之后的北京，又是七七事变前夕的北京。我虽然没有直接参加"一二·九"的斗争，但"一二·九"斗争所激起的热血已周流全身。我一回来就参加了群众性的游行示威，又参加了"民族先锋队"组织的各种活动。

我又住进了东北大学的宿舍（仍是过去陆军大学旧址），当时东北大学是领导学生运动的骨干学校之一，凡有游行，燕京、清华的学生必在西直门集合，东北大学必然走在游行队伍的最前列。

我忘不了在游行中间认识的毛祯同志，她当时十分年轻，身材不高。她总是走在红旗下面，她在举拳高呼口号时，陈词激昂，又总是流出感人的热泪。《五月的鲜花》这支抗战歌曲，是那么感人。"打回老家去"的口号，又是那么充满了真诚的愿望和无穷的力量。

北京从西直门到西单街道上有些天几乎已无闲人，走来走去的都是游行队伍。整个城区成了抗战歌曲的海洋。

东北大学操场上有各种集会，其中最引人注目的是那些秘密去过延安又回来的人。他们仿佛都是隐身人，但又身影高大，还戴着一顶由西北带回的显得那么神秘的圆顶毡帽。他们给暗中传递和阅读的斯诺所著的《西行漫记》增添了更为深远的影响。

一次在西山举行的夏令营活动，几乎吸引了所有学生。由崔嵬和张瑞芳演出的《放下你的鞭子》，使夏令营活动达到最高潮。

东北救亡团体创办了《东北知识》杂志和《东方快报》，它们是舆论阵地，又是战斗实体。东北青年文学工作者也在积极活动。我认识了诗人林火和郭小川。我还参加了在东京就有通信关系的马加组织的文学青年写作会。我们举行过一次集会，为的是欢迎由上海来京的舒群同志。舒群当时创作了短篇小说《没有祖国的孩子》，描写的是沦亡多年的朝鲜的一个孩子的不幸，这对我们这些东北青年来说，震动极大。

我当时处于高度激动中，因为由人介绍我与北平地下文委的同志在鼓楼秘密接头，又连着开过两次小组会。可是，不久就发生了七七事变。

我当时在一家通讯社任职，七七事变之后我以记者身份视察了宛平城。当时的印象后来写在一篇题为《宛平·弹孔·红指甲》的短文中。

由北京出走，这又是一次流亡。能走的走了，属于变相的民族大迁徙。但也有一些人留下来，就像当年九一八事变由沈阳出走也有一些人留下来一样。当然，火种总是埋入地下。这次出走的人，由塘沽上船先到山东半岛。在渤海湾的那些天的月明之夜中，一支"流亡三部曲"的歌声不知引出多少眼泪，汇入千涛百浪之中。

我们的历程，又构成了一部革命三部曲：第一部到南京，第二部到武汉，第三部到达革命圣地延安。

延安是流亡学生最后的归宿，又是新长征的起点。

至今五十七年过去了。当年的北京仍深深地留在记忆中。

1988年4月28日

宛　平

我走过不少小城。宛平城真的太小了。如果它小得叫作"烧饼城"①，那这个烧饼也算是最小的了。

何况，它又紧靠世界上最大的一座城旁边，这座大城叫"北京城"。宛平在北京城的西边，路程仅只半日。它的方向和距离，又是这么富有诗意："西出阳关无故人"的诗句，表示我们的边疆远在西方。出发的征士和诗人，无不面向西方。那一天在一番温情暖语话别之后，差不多已近中午时分了。由北京城到卢沟桥畔，路虽短，惜别留恋之情总是长的。夕阳已在西下，正好拭去惜别的泪痕再去积蓄脚力。一切为了西出阳关的明天，宛平的情结在此。

谁能想到19世纪30年代一场大战在这小小的宛平城打响了。

这是一场正义之战，这是一场近百年来民族生死存亡在此一战的伟大的民族之战。

真的，为什么这场战争会从这个小城开始呢？这是突然的，而又不是突然的。因为这位巨人虽然睡在地上，它的胸膛最后终于活动起来了。由于九一八事变东北三省的沦亡，由于一·二八的淞沪抗战，由于冀东伪政权的成立，由于一二·九学生运动的怒吼，又由于"双十二"西安事变抗战进行曲的前奏和预演，祖国的心脏早已在暗暗跳

---

① 烧饼城：吃一个烧饼，就从东门走到西门。喻城之小。

动了；但敌人更为狡猾，它要射出的炮弹早已滑入炮膛之中了。只是老百姓觉得突然，只是宛平城的守军和居民觉得突然罢了。

我是宛平之战的幸运者。那时我由外地回到北平，在一个小通讯处任记者，我便成了中外记者团中的一员。当日军炮弹已在宛平城墙上留下一个个弹孔，而我们二十九军将士还坚守在宛平城内的时候，我有幸目睹了宛平城千古不朽的英姿，我目睹了我们发出抗战第一枪的将士，我目睹了镇静自如的居民，我目睹了清洁的小小的街道，我也目睹了卢沟桥众多石狮和远方影影绰绰敌兵活动的身影。这一切我都看到了，只是没有可能进行采访。我所看到的比一部照相机底片上记录的多不了多少。所以在我写出的北平沦陷有关报道中并未写到宛平。那只是历史的一刹那，在我头脑中划上了一道印痕而已。这印痕颇深，而又是只有我有而别人所没有的。那时在中国记者当中我只认识金肇野，以后我们又相会在延安。如今他已年老有病，我还可以伏案写出此文。

我们这一代人与抗战史有关。我们这一代人是战斗的一生，也是幸运的一生。有谁能够用自己的脚步跟随着战斗又胜利的新中国一起走来呢？这是没有办法把自己与祖国分开的事，有时简直胶不可分，所以我一生所写的或多或少地反映着战斗的影子和硝烟气味。1987年我出版了一本《南来雁》，那是我有意把一生所写有关抗战的作品收集在一本书里，其代序叫《半个世纪》，可见我已从抗战起走过半个世纪了。这本书也特别，其后记有三，写不完的后记，就是说它有说不完的事。我把这一本书理所当然地送给抗日战争纪念馆了，并且我又把其中一篇1987年所写的散文《宛平·弹孔·红指甲》放大复印了一份，也送给该馆。为什么在几十年之后我才写了这篇短短的追忆文章，又为什么这篇文章只是虚写了一个外国女记者始终修她的红指甲？她始终没有下车，我想凡是我当时看到的，她在高处的汽车里都看到了。其小城，其街道，其弹孔，她都看到了，只是没有看到——

我只是说，她在那天不注意之间，就在她在汽车上修指甲之间，地球上有一个四万万民众的民族拯救了自己，又从此有了自己命运的新生……这篇短短的散文中又有一句庄严的预言，那就是我说了当时宛平城墙上有多少弹孔，中国大地上就会有多少个"万人坑"。今天看来这个预言并不准确了。我在今年抗日战争胜利五十周年某次活动中曾提请统计一下中国大地上到底有多少个万人坑，一个个记载下来，再一个个建立纪念馆，给后人留下一个精确的数字，这对中国人民和日本人民都是有好处的。

我说过，每年为了纪念"七七"和"八一五"，我都有文章发表，今年亦然。今年因为中国作家协会出版了《抗日战争短篇精粹》一书，许多中学开展了读书活动。我参加了好几个这样的活动，我对那些十三四岁的青年学子有许多话要说。比如我在一个读书会上提出这样一个问题，请他们回答。问题是：日本三岛远隔重洋，如何能在卢沟桥边向宛平城开炮呢？如何调兵遣将越洋而来呢？军队如何开来的？大炮又是如何一下子运来的？请他们回答，想不到这个问题颇能引起他们的兴趣。

我这一问，他们有些愕然。敌兵竟能从天而降，原来历史竟是如此奇特而又残酷。

1995年8月31日

夏 令 营

1937年6月，我生平第一次参加夏令营。

那一年我已不是学生了。祖国正在走向新生，我是在正在升起的朝阳下参加这次夏令营的。

这次夏令营由中华民族解放先锋队（简称"民先"）在北平西山举行，也就是在民族危亡关头，在二十九军在卢沟桥向日本帝国主义发出第一枪之前举行的。这第一枪是抗战的先声，或者也可以说是由这场伟大的学生运动引发了第一枪。使我难忘的是这第一枪。

西山夏令营的旧址樱桃沟尚在，有篆刻的文字纪念它。其实那个烽火台似的小小山峰本身就是一座纪念碑，是它引导民先队员向它集中的。它那崎岖的小路，它那嘹亮的歌声，它那热血沸腾的心房的跳动，是那……是那永远忘不了的一切。

那不久之后卢沟桥发出的第一枪，使这次行动变成了抗战史的前奏。

在夏令营营地演出的《放下你的鞭子》，应该也是从戏剧界阵地上发出的第一枪。

《放下你的鞭子》这个活报剧已经演出多次了。这次夏令营的演出是由张瑞芳和崔嵬二人领衔演出的，这二人后来都成了新中国的一流演员，而那些热情的参加演出的观众，后来也都成为各个抗日战场上的斗士了。

尤其可喜的是《放下你的鞭子》这种演出形式，应该肯定地说这是一种新的突破和创造。它冲破了旧式戏曲的模式,打开了演员和观众中间的大门,使演员和观众亲如一体。没有了观众和演员之间的隔阂,演员就是观众,观众也是演员,要求抗日是他们共同的愿望。过去,演员在台上,观众在台下,甚至高贵人士还有自己的包厢。这些包厢在万人丛中封存了自己,把历史和观众切割成两部分,甚至使它们颠倒了。现在一切又都颠倒过来了。现在,全国人民万众一心,一切为了打倒敌人。

我以为这就是《放下你的鞭子》演出形式的首创意义。它使戏剧发展到一个更高的形式。这是它的形式,不要忘记一切形式都是为主题服务的。请问当时除了《放下你的鞭子》还有比这一切为了打倒敌人更好的形式吗?一切形式都离不开光明的主题,否则就是一个无用的空壳。当时,《放下你的鞭子》的高潮在于在场观众都变成演员那个辉煌场面,而造成这个场面的原因是众多观众一下子变成了祖国的主人,也变成了戏剧的主人。戏剧和主人应该是共呼吸的,此刻它们真正融合在一起了。

后来在大合唱中也引用了这个形式。比如演唱《东方红》时,台上台下都会唱起这首万钧之力的《东方红》了。

当年在延安,无论《放下你的鞭子》或《东方红》都演过不少次,都是台上台下,都是群情激昂,共同演唱,后来演了《木马计》和《马门教授》,又有人提倡演大型话剧了。观众和演员虽已接近了许多,似乎又隔开了不少。一种势力在回升,回升的旧势力不易察觉更加危害于人,甚至又有人唱起"关门提高"的老调子了。延安文艺座谈会之后兴起的秧歌剧《兄妹开荒》《夫妻识字》《牛永贵负伤》等,都是对正统戏剧艺术的又一次挑战,真正的戏剧艺术的现实主义得到了实现和发展。

我们也不应忘记在旧社会广大农民中间,每个村子都有一个露天舞台存在。

1995年9月2日

渤海湾之夜

我曾写过一篇《平津道上》。它是我逃出古都在平津铁路沿线的所见所闻。

沿途所见惊心动魄。出了天津站，各人直奔客栈，为的是逃开日本兵的刺刀，又急急赶到码头，为的是打听到上海的船期。船期天天有，但票价陡涨。我们一行三个人够买三张船票的钱，现在只能买一张了。由不得来个君子协定：一人先走，抢先到上海报道北平沦陷情况，其余二人，自谋出路。

不久，一只船开出去了。售票口无人购票，舷梯上人流不断，于是我也挤到船上去了。肚子和口袋空空如也，热血却填满了整个胸膛。众多年轻面孔，似相识又不相识。各自都有校名，校名变成了友谊的桥梁。大家都像肩负着神圣使命由古都奔向南京的。但这只船航行目标去哪里，谁也不知道。轮船平稳行驶，烟囱冒出的烟混在暮霭之中。周围渐渐暗下来了，海面上一片黑色的油光。甲板上并不寂寞，夜越深，一处处谈话声越加亲切。不久，月亮升起来了，海面似乎也比白天开阔了。起初挤成一团，无处走动，现在都有了足够的活动地方。双腿甚至可以顺着船舷垂下来，那么悠闲，又有那么多的活力。歌声此时此起彼伏，由小而大，由独唱而合唱，由《五月的鲜花》而《大刀向鬼子们的头上砍去》，歌子连成串地唱下去，似乎没有尽头。歌声有时高，有时低，无人领唱，也无人指挥，但这不断的歌声，它说明了这是一个有生命力的意志昂扬的集体。这歌声显示出它的和声带来的无限的凝聚力。

现在回想船上最神圣的一刻，应该是皓月当空的时候，应该是夜半的时候，又是轮船行驶在渤海湾中心的时候。但是这位好心的船长是谁呢？他当时在舵楼上想些什么呢？他知道他自己当上了一名真正的司令官吗？他知道他船上所载的船民都是将来抗日战场上勇敢的战士吗？

在这神圣的一刻，合唱渐渐停息下去，一个女高音却悠扬地唱起了《松花江上》："我的家在东北松花江上，那里有……"

歌词是那里有森林煤矿，还有那……流亡的青年当中有谁不知道东北松花江上那里有无数的宝藏，还有那衰老的爹娘呢！

这是一支永远忘不了的歌。我以为这是众多抗战歌曲中的源头。源头高而远，回声恢宏幽远，震荡天宇。

在渤海湾里，轮船如果沿着胶州半岛航行，它一直向东就会驶抵上海。但是，它却在海湾深处虎头崖停泊靠岸了。这一天黎明来得特别早，人群酣睡却又时时有人在走动。其中一个叫江陵的，是我接触过的中共北平地下文委负责人之一，有几个又是我在夏令营活动中见过面的，有报社记者，更多的是一二·九运动中的民族先锋队队员。有了他们，也就有了集体。为什么大家都没有买票就上了船，这不像当年学生们在南京请愿卧轨要车皮吗？为什么轮船改变路线决定在虎头崖登岸？显然都是由集体领导决定。后来证明，如果船去上海，不久又会由上海撤回南京的。现在由虎头崖上岸，经潍坊济南径去南京，这是一个最英明的决策。

这一个新的集体，仿佛是当年"一二·九"游行的队伍一下子搬到船上来了。从此，一切行动变成了有领导的集体活动。

——由虎头崖下船，集合队伍，集体行动。所有行李也集体搬运，由轮船搬上小船，再运到岸上。

——由虎头崖集体乘车，到了潍坊。

——由潍坊又上了火车。火车是平板车。途中遇雨，个个变成了落汤鸡，座下的箱箧都压扁了。

——在南京集中住在一所停课的中学校内。操场上早已挖了防空壕。在这里成立了平津流亡同学会。

——我们从北平出走又在天津分散的三个人，这时又在南京集齐了。于是在平津流亡同学会内成立了平津青年写作会，开始了报道任务的写作。

平津流亡同学会在南京的活动为期不长，但是有谁能忘记这些活动呢？又有谁能够忘记这一段流亡的经历呢？从北平出走，到塘沽码头的集合。从岸上到海上，从歌声到月亮……我永远忘不了渤海湾中那个唱《松花江上》的女高音，它是我整个流亡生活中心中的歌。

1995年5月7日

流亡二题

由南京到武汉

南京城内有一所中学接待了我们。防空壕占据了整个操场，但不见一个学生。这防空壕好像只是为了我们准备的，而且每次警报响起，敌机都从我们头上飞过。

南京当时是全国政治中心，但在我心目中这里已变成了全国流亡同学的活动中心了。有学生从北平来，从北方其他城市来，没有多久，也有人从上海来。从上海来的有学生，也有文化界人士。后来成立的多少演剧队，都是经南京再奔赴各地的。文化界人士中有学者、画家、音乐家和作家……

他们进行联络，又进行组织活动。他们奔走上层，同时又深入下层。各式各样的部署，各式各样的活动，无不关系战局，无不与救亡活动有关。这里无疑是一个情报交流中心、组织中心和宣传中心。

只有我们平津青年写作会那个角落比较安静。这个写作会应该说是由北平一个文学团体派生出来的，或者说是它的延续。最初的组织者白晓光（马加）来了，还有北京大学的师田手夫妇，《东方快报》记者李墨林（不久牺牲于战场），还有何佶（吕荧）、张楠（女）……当时我写的《最后的降旗》《平津道上》，分别发表在《大公报》和

《时事类编》上，这就初步实现了尽快报道北平沦陷情况的意愿。

东北作家中，我认识的有舒群。由舒群介绍，我认识了罗烽和白朗夫妇，又认识了画家张仃，由张仃又认识了画家胡考和特伟……他们都前前后后到达南京，后来抱着抗战到底的决心又前后奔赴各地。我与他们相继告别，但是不久又在武汉相会，不久又都在延安相会了。

此时我们与北平尚通书信，有一事至今记忆犹新。在北平救亡活动中尚有诗人郭小川和林火……忽得郭小川来信，得知诗人田菲病危，我们发起了小小的募捐活动，又将所得钱物寄往北平。

中学操场的防空壕，是我和舒群常去的地方。与其说是躲飞机，不如说是倚在防空壕的护墙上谈心。我和舒群又曾在学校附近吃过几次板鸭，不妨说这是当时饥饿中择优而食的壮举。不久，我先去武汉，与舒群分别了。那是因为我忽然得到一个消息：留日同学会在武汉成立，凡是留日同学都应前去报名。这时每一个人都怀着强烈的心愿：要求立刻到前线去。看演剧队多么幸运，只有他们可以自己组织起来到前线去。好像从事文学的无人收留，但是我以为从事文学的人要求去前方最为心切，因为他们在前方既可从事战斗，又可为前方战事尽快写出报道。我是抱着这个心愿前去武汉的。

当时的行动和心情，今天想起来极像一个随意编造的梦。在去武汉的江轮上有特伟和我做伴，遗憾的是一只心爱又实用的烟斗掉在滚滚的江水中了。武汉又是一个大码头，我却无处留宿，幸好特伟认识女画家白波，白波租下旅馆房间，特伟和我便在她的地板上睡了两夜。

特伟是广东人，漫画家，现在已是著名的动画家了。那时我们初相识，却又像是相知甚久。我永远忘不了那几天在汉口码头上漫步的情景。两个流浪的身影，在街灯之下忽长忽短。街旁小食店飘来阵阵香气，江中水声一阵阵喧嚣，又一阵阵鸣咽。我和特伟默默地走着，心中的话语要比嘴上说的多得多……

在留日同学中得到的信息，令人十分振奋。凡是留日同学都可进南京的训练班，两个月毕业即分发前线。上前线是我求之不得的，所以又不得不再返回南京。

再去武汉

南京陷落，我就不得不再去武汉。

我由南京赶到武汉，又以留日同学身份再回到南京参加训练班。训练班在中山陵附近的孝陵卫。两个月期满就开拔抗日前线。想不到南京吃紧，训练班奉命迁至江西星子县，同时传出训练班毕业延期的决定。大家认为这是个大骗局，这是国民党又一次欺骗青年学生的行为。不少青年纷纷要求离开，我也是其中的一个。

我一个人离开了训练班，徒步走到九江江边。途中遇见杜宣，他是江西人，我与他在东京参加剧人协会时相识。他从来不对国民党抱什么幻想，他认为我这样做是绝对正确的。

在武汉，我又与江陵相遇了。他是我在北平地下活动时的接头人，又是南京青年写作会的领导人。这时他办了一份《大众报》。报社设在汉口一个弄堂的底楼，二楼就是柳湜主编的《全民抗战》的编辑部。江陵在搞《大众报》编辑兼发行工作，要我为他帮忙。同时他又热心于歌咏活动。《松花江上》已是一首最受欢迎的歌曲了，作曲家刘雪庵又为它创作第二部和第三部。江陵和刘雪庵一个作词一个作曲。他们一次又一次到各中学练唱新歌，又不时进行修改。如此一遍遍地进行演唱，又一次一次进行推广。这就是当年"流亡三部曲"产生和创作的经过。

我这时身无分文，一方面协助搞《大众报》发行工作，一方面也当演唱队队员，同时还在进行写作。发表在《大众报》的《弹弓老人》和发表在《战地》的《厂友》就是这时创作的。

《战地》由丁玲和舒群二人主编,这是他们第一次合作。(20世纪)80年代他们又第二次合作主编《中国》。

我参加过的那个训练班,有人来信告诉我他们又由星子县迁到长江上游的江陵了。听说管束更加严格了,学员的反抗也就更加激烈了。不久李特和徐友文两位同学从他们叫作"集中营"的地方跑出来了。他们历尽了艰险,在全国一片抗战声中,偏偏制造出这个悲痛的小插曲,其中少不了潜逃、追缉、枪声……他们把草鞋跑掉了,脚片磨破了,头发像稻草,又满身疮疥……我用仅有的钱为他们医治,为他们填饱肚子,又为他们送行。这时武汉也忙于准备撤退,多少青年学生不是往西安去延安,就是去新四军。他们两个到新四军去了,接着我也到延安去了。

抗战胜利后,我才知道徐友文在新四军牺牲了,李特在上海铁路部门工作,通过信但未得到谋面的机会。

1995年

首渡黄河

一

在这里，我看见的是时代的巨大步伐，也有我个人的感受。

1938年春，我在延安"抗大"学习期间，在城内城隍庙住过一个时期。两厢住满了人，又因为都在露天上课，正殿也腾出来住人了。似乎院墙早已拆除，由过去多少烧香人磨光了的几个石阶，像镜子一样放光。头三个月照例是"政治队"的学习，也进行过一次军事演习。清晨微明时爬上背后的凤凰山，像是急行军，也可能是夺取想象中的一座碉堡。山顶上一块平地，没有种过庄稼，免不了又有人常来搂草砍柴。我只记得在匍匐和急进跳跃中，荆条扎伤了我的脚掌，演习还在继续，可我像败兵一样退下来了。不久，我们进入"军事队"，也搬了家，就在后来的飞机场旁边。三个月之后，"军事队"的学员就有充分资格，分赴各个抗日第一线了。

学员里也有不到三个月就过黄河的。黄河的波涛整日整夜都在呼唤，黄河对岸就是新开辟的敌后战场。每个人都在等待着和自己有关的变化，这个机会是均等的，它会落在每个人身上。

不到8月中旬，第一次的同我谈话就开始了。这是午休时间在救亡室的条桌上进行的。中队长景瑞云侧着身子，把一只又粗又大的手掌放在桌子上。从他的身上我看见了二万五千里长征的队伍的影子，他的江西腔又是那样亲切。我觉得他在我面前点燃了一盏明灯，又把它轻轻地推向宽阔的光明的彼岸。

这时，由延安到晋东南八路军总部，由总部再到晋西北，再到晋察冀的五台山，再到冀中平原，再到……这些抗日根据地互相分隔着，却又血肉相连。这次延安组织了边区参观团，到他们那里去。这是架起的桥梁，也是伸出去的手臂，把它们联结起来，又把它们紧紧地揽在怀中。

边区参观团不日由延安出发。其中有三个人，既是参观团的成员，又是由边区文协派出的抗战文艺工作团①。

我们三个人中，一位是韦明，也是刚从"抗大"调出来的，另一位是高敏夫，他居然会比我们大十岁，是个陕北老革命。我们三人将一起日夜行军，几跨封锁线，同群众一起庆战功，又在炮火底下举行各种集会……

二

首渡黄河。

我曾在葭县城住过。那座石城修在二百米高的悬崖上。夜里，整个黄河便是一个响个不停的大闹钟。早晨下到河边汲水时，一阵风又能把人刮进河里。渡口一般都在浪平碛少的地方，但是，城寨就该如此居高临下、如此雄威才是。"黄河之水天上来"，它在这里给我留下了深刻的印象。"黄河天险"这四个字，在这里也因它的气势而雄风万里……甚至日常的棋盘上也写上"黄河为界"，象征着这里是不可逾越的天险。

---

① 抗战文艺工作团曾派出数次，我们是第二组。

1936年刘志丹带领中国人民红军抗日先锋军进入山西时，就是在下游三交镇渡过黄河的。至今老人们叙述起来，还如数家珍：那是正月二十八日之夜，共有七只驳船。第一只船上坐了十八个人，称为十八英雄。第二批船渡过时，才被敌人碉堡发觉，弹如雨下。又有两批驳船过去之后，敌弹这才哑了，十八英雄也就爬上山头，放了信号弹，红军开始大批渡河……据说头一天一夜共过了五十次，每隔七次休息一回，这样一共过了五天五夜。第三天开始过马队，这时黄河两岸摆满了慰问品，用担子的，用驮子的，从四面八方来，可是战士都十分困乏，往往是吃着吃着就睡着了……因受阎军的阻拦，军队不得不于5月5日发出了回师通电，又撤回黄河西岸了。

不久，统一战线建立，各抗日根据地不断地扩大。现在我们——边区参观团，已经来到宋家川，对岸是军渡，这是黄河上有名的渡口。我们将在这里渡过黄河。这是历史的步伐，它在大踏步地前进，又前进。

黄河的水在脚下奔腾。后来大合唱中所唱的"风在吼，马在叫，黄河在咆哮……"也是我当时所感受的。

渡口上，驳船和艄公的对照是那么强烈。那只驳船看去还很大，但载上几辆车马之后，又显得十分小了。船身内外，看不见一点油漆，它的颜色十分苍白，几把大棹和一只长舵，也都筋骨木纹毕露。它没有舱口，或者说整个船只就是一个大舱口。看来它极不牢固，只是一个松散的整体，但它却因此自夸：唯有如此，不与巨浪抵抗，而是屈从于它，才能换来十分可靠的平衡。它在波涛的滚动下，要维持一个平衡面也十分不易，所以常常发出低沉的呻吟。我在岸边看见驳船在水上，真像一片羽毛那样随波逐流，当我坐在船里时，我又感到它的稳定性十分可靠。这也许和纹丝不动的艄公的脸有关。在岸上，我没有注意艄公。在船上，当巨浪掀起船头，每个人都紧紧俯下自己的身子时，艄公却是一座石像般站在眼前了。他注视自己的航线，瞭望对岸,又指挥那十几个水手。驳船向下斜行,它在中流附近,越发感到水的冲击力,有如敌弹在轰击。这时风声水声交相震耳,流速在加快,驳船也在奋不顾身,全世界只剩下一个轴心,那就是艄公了。最后靠他战胜了天险。

船上乘载我们边区参观团七八十人。团长余飞,他是江西老红军。王知涛是一位青年军事家,他1925年去苏联学习,1933年回国。只有他带着两只书箱,可能他的书运到哪里,他就留在哪里工作了。此外,同行的还有《星岛日报》的两名记者(一男一女)和《救亡日报》的记者叶文津。

头天晚上,黄河西岸七一八团为我们开了欢迎会。我们不少人在外面露营,夜间忽然狂风大作,我们便又纷纷移往室内。当天一早我们赶到宋家川,8时半过了黄河。河东河西不同,我们在河东。需要的牲口,有一些需由村公所代雇。这时牲口未到,在等待的时间内,女记者黄薇女士会唱《长城谣》,便由她教起来了。

> 万里长城万里长,长城外面是故乡。
> 高粱肥,大豆香,遍地黄金少灾殃。
> 自从大难平地起,奸淫掳掠苦难当。
> 苦难当,奔他乡,骨肉离散父母丧。

这是我们来到黄河东岸唱的第一支歌。它已意味着,过了黄河就是抗日前线,歌词的现实意义加强了。同是一支歌,它在河西只是为了控诉,到了河东它就要求为战斗而行动起来。

还有一点也是值得记下来的。黄薇女士由南洋来,她已中年,人不年轻了,偏偏由她来教唱,使我们觉得有如两种感受忽在太空会合了:它不只是把河西河东连成一片,而是由革命中心延安到全国各地,也都连成一片了。

三

黄河东岸第一站是孟门镇。

它沿军渡北上仅二十公里，再北是碛口。孟门便在碛口和军渡之间，这三个城镇都紧靠黄河，站在一条线上。

孟门镇户数不多，因有数孔煤窑，又有上百名挖煤工人，它的身价已高，也就十分繁华。绥德八路军警备司令部，在此设立了煤炭采购处，孟门镇的人民合作社，也在一个月之前刚刚建立起来，它也是专门经营煤炭的。

今年（1938）正月，日军来过军渡又退去了。日军在军渡向河西发炮时，孟门镇听得清清楚楚。居民纷纷逃往对岸，仿佛这是一次军事演习。他们至今还记得前年到孟门来过的刘志丹的队伍。他们爱唱红军的歌曲，现在又唱起《游击队》《青年航空员》和《义勇军进行曲》。这是伟大时代的特征之一，歌曲代替了日常生活语言，它传达感情，也传达斗志。它使儿童和老人互通心曲，也把各阶层联合起来。

我们离开碛口仍然向北，但又偏东了，一直到达岚县，再到五寨和神池。一二〇师当年就活跃在这一弧形地带，晋西北因贺龙而赫然有名。

第三天，我们到达了临县。

这是游击区，一路上，我们昼行夜宿。行军时，有固定的驮子，也有轮流骑用的牲口。行军中间我们也在工作，因为可以和一天一换的脚夫聊天，沿途又会遇到各种事物使我们耳目一新。前一天，在驻地附近，晋军七一师工兵营在进行技术表演，他们每一个假想动作好像都在击毙一个敌人。这天十九军（也是晋军）新兵约一团人，他们由岢岚开往柳林，和我们中途相遇。我们仔细数过，他们有二十四挺机关枪，也观察了他们身上的步枪和手榴弹。我们得出可喜的结论是：除个别人身着便衣外，这支抗日队伍军纪严正，弹药充足。

我们路过一地时，总是找到战动会的宣传部门，先由我们送给他们《论持久战》《抗日游击战争的一般问题》。这些书刚刚发表，震动了世界，我们都把它们当成新式的精良武器。前方的同志们也都做出了庄重的回答。宣传部田小枫同志告诉我们：临县已给部队动员了五六千人参军，又组织了不少游击队。农民干部已办过四期训练班，第一期就有二百余人，现在正在组织的村自卫队，又是若干人。

这里的政权和群众团体，和我们有些不同：服装不同，编制不同，名称也不同。我们叫救国会的，他们叫战动会，此外还有牺盟会。黄河两岸各有一些不同的歌曲，内容又都是号召抗战的。当两支队伍唱起这些歌曲时，就像两个山头情投意合的对唱，差异越大，诗意越浓。

这里有那么多报刊和宣传品。过去连小学教科书都没有的地方，宣传品也像雪片一样飞起来了。其中还有各种战报，用红的黄的绿的粉连纸印刷，真是琳琅满目：有岚县出版的《政治日报》，岢岚的《西北战线》，第六集团军政工队编印的《西北前哨》，还有各县和各群众团体的。

我们参观临县的第二战区行营抗日军政学校第四分校时，那里有那么多与我们相似的东西，引起我们更大的喜悦。

该校共有学员一百五十余人。教室不完备，救亡室却是第一流的。这同延安"抗大""陕公"相似，救亡室的布置更其相似。有壁报，有八路军领袖像和列宁像，有学习心得，有各种标语："反对自由主义！""学习、学习、再学习！""理论和实际打成一片！""巩固和扩大民族统一战线！"。

临县战动会会议室内，墙上挂着晋西北各种石印、油印小型报纸多达二十几种。其中尤以八路军一二〇师的捷报和战闻最为突出。各种战报好像从天空飞来，不期而至，神采飞扬。一二〇师的胜利，引起一阵阵轰动与欢呼。它似乎与战动会的各种动员工作，新建的团队，路上行军或演习，炮声与战斗声都息息相关。他们支援了战争，一二〇师的胜利，也给临县带来了统一战线模范区的称号。

岚县是晋西北的活动中心。下一站我们在岚县就与一二〇师师部相遇了。

这一天5点半出发，10点钟就抵达岚县县城。昨天在普明镇曾用电话联系，但没有打通。正因为这样，师部在很短的时间内，把我们的住处按照号房子的程序，一个个安排好了。这充分显示了军民的良好关系。我们最先看到的那块白地红字的合作社招牌，是我们永不能忘怀的。合作社是个新生事物，它在延安也是珍贵的幼苗，想不到又在前线的部队开花结果了。各个营地起落的歌声，都在做着各种庄严的宣告，有不少为操练而开辟出的操场。随时可以遇到马群——其中有缴获来的高头大洋马，也有经过长征带来的四川小马。据说，贺龙有自己最爱的马，他把每一匹老马当成自己的老友爱护着。还看见不少篮球架子，似乎这个队伍永远这样，背着篮球进行战斗才会取得全胜。总结起来，这里有一种昂扬向上的气氛。在这里，连空气中的尘埃也用快乐的调子在跳舞。

我们三个人，每一天的日程都排得满满的。这一天一天的日程也是自然形成的，完全不用安排，事件本身在推动我们，像到处是活泼的泉涌，它又带着战斗的色彩。

我们先访问了战动会。邓亚舟同志是高敏夫的熟人，去年10月西北战地服务团到达汾阳时他们就认识了。她多么快乐地告诉我们，她明天就要去延安学习了。她领我们去会见程子华同志和彭真同志，他们都从岢岚来，也是准备明天动身去延安的。

下午4时拜见战动会余主任。

下午6时，解放社特约通讯员柳林及其爱人来访。柳林曾陪同抗战文艺工作团第一组去五台（晋察冀边区所在地），现在刚刚回来。

他穿了一件日本军大衣，文弱得像个书生，但行动上又是一个英武的抗日战士。街头诗自然是我们热衷的话题，我记得也谈到了大后方《七月》——这个有影响的刊物。

一场热闹的篮球赛同时在球场上进行，贺龙同志及时派人邀请我们去看。我们没有失去战地看球赛这个难得的机会，7时半欢迎大会在南门外正式开始了。这是第一个在战地为我们举行的欢迎大会。登台讲话的人不少，游艺节目也太多，直到下半夜两点钟才散。参加欢迎会的除师部外，有后勤部队、警卫部队，有"抗大"学员、随营学校学生、文化娱乐青年训练队……这些都是有战斗生活的单位，台上每个节目也都是从战斗生活中产生的。

贺龙的讲话，十分精彩。在土台上，在汽灯下，他的高大身影，他的穿着马裤的腿，他的短髭，他的永不离手的烟斗，他的气壮山河的声音，还有从这一切当中流露出的像火一般照耀的，又像电一样震颤人心的乐观情绪，必须说，这一切都不为过去所有，而必然是属于光明的未来世界……第二天早晨一见面，他倒称赞起昨晚欢迎会上的街头诗朗诵来了。更想不到8点钟我们又都来到南门外集合，为去延安的同志送行，而其中也有贺龙同志。

他好像是一颗天上的流星，划过长征的弯弯曲曲的路，在这里又开辟了自己的新纪元。从后来的《大事年表》上知道，贺龙和他的战友们这次是为了参加9月举行的中共中央六届六中全会回延安的。

甘泗淇主任向我们讲起他们在晋西北的战绩："一二〇师，在晋西北满——天——飞——呀！"他一面这样说，一面大笑。据说，日本鬼子怕死了这个"满天飞"的队伍，我想鬼子也会怕死了这钢炮般的大笑。

还应该记载下来的：当时流行感冒多，南方籍战士吃不惯当地的莜面，而且又严禁吸烟，因为在敌占区发现了带毒的纸烟。

究竟怎样书写战史？

这天敌机在临县投弹两枚。前几天敌人又增兵代县和崞县①，有向西（我方）推进迹象，离石的敌人也在向柳林进袭，显然这是配合进攻武汉的战略活动。我们呢？炮兵连是在缴获的大炮的基础上建立起来的，再由他们去战胜敌人。我们在供给部修械所看见的机器，是由敌人的心脏太原运来的，使用这些机器的老工人也是由太原自愿来的。由这些机器修造的枪炮，就在太原周围取得了大大小小的胜利。所有人，包括我们在内，都这样预感到，也有这样的信心：敌我的进退竟是这样眼花缭乱，但是敌人的任何进攻都在走上自取灭亡之路，而我们在这里的每个胜利又都是带有永久性的。

不久，我们再向北，经岢岚到了五寨。

五寨的吕尊周县长，他是晋西北第一个决心打游击的抗日县长。他是早年的日本留学生，又是同盟会老会员，但他最敬仰的是贺龙将军。五寨的风景十分宜人，敌人当年3月进五寨时，其残酷程度也是骇人听闻的。日军动用了三百头牛的牛阵向城内冲刺，在城内杀死了三百条狗，把所有驴四蹄捆起扔下城墙，又将城周围十里以内的鸡猪全部杀光……哪个县长遭此厄运而不奋起，哪个遭此厄运的县长不该是抗日的呢？

我们——边区参观团第一次向他赠送锦旗，上面写着"为民先锋"金光闪闪四个字。

我们继续前进。我们前面还有十分遥远的路程，还要再通过几条封锁线，每条封锁线的那面，都是一个新开创的局面。

到了9月中旬，我们刚刚走过的黄河军渡就被占领，敌军由此炮击宋家川，又向临县进袭。我们的前面，朔县一带敌人也增加了兵力，因此我们也就随时有遇见敌人的可能。但是，我们依然在崞县一带越过了铁路，一夜之间又渡过了滹沱河，这样就从晋西北来到晋察

---

① 代县和崞县都在同蒲线上。

冀，这里有聂荣臻将军，这里又是第一个模范的抗日根据地。前面，如果再越过平汉线的话，那又是一个河北大平原的有创造性的抗日根据地……

在冀中军区，我们又一次遇见了贺龙率领的一二〇师。

因为12月[①]，一二〇师就挥师来到河北大平原。这颗流星在华北上空又划出了一道长长的光芒。

四

我和同行的韦明、高敏夫既是参观团成员，又是文协派出的抗战文艺工作团，身负双重任务。我们一直随团部活动。一路歌声，一路战斗声……

我们三个人又各有自己的武器。我们已经是轻装上阵，随时都要参加战斗。我们像一个个小雷达，对每个战斗形象，都是那样高度地敏感，把它映射出来，收集起来，或变成信号，或是贮备待用。阵地宣传也好，即时反映也好，这是两种不同的手段，从效果上说，也都是长短武器配合，但是，渐渐地，我们之间也显出差异来了。

我和韦明可以说是彼此相像，高敏夫和我俩之间，首先有了年龄上的差别。他善于接近上层，这也是工作的需要，相对来说，我和韦明接近群众就比他多些。这也不尽然，如果他去单独接触一个人，以他的老练和独有的热情，又使我俩望尘莫及。他又兼顾太多，交游广，兴趣也是多方面的，我们稍嫌单一。我们的经历，也不过尔尔，而他曾经两次被捕，做过地下交通员，又编过刊物，长期从事民歌的搜集和戏改工作，抗战以来他又热心于街头诗的写作和宣传。这一切

---

① 1938年12月，中共中央和中央军委决定，一一五师主力挺进山东，一二〇师主力挺进冀中，一二九师主力一部挺进冀鲁豫地区，以巩固华北，发展华中。

使他在各方面都可以应付自如，对这一切他又都十分热心……

他对部队生活并不适应，至少，他的体重、他的近视眼妨碍了他。他注意行军后用热水洗脚，也比我们多注意一些牲口，因为他比我们更多地需要牲口代步。有一次，由他轮值做早饭，因过分热心，起得过早，又昏昏睡去，结果误了预定时间。第一次过封锁线，他掉在滹沱河里，浑身弄得精湿，乐观情绪并不因此而稍减。看见一二〇师合作社的招牌了，他第一个欢呼起来。他每天写详细的日记，我又不记得他在什么时候记的。不论如何，他是一个善于利用时间的人。首渡黄河时，他利用等船的时间写了首街头诗，在一二〇师为我们举行的欢迎会上，他就迫不及待地朗诵了它。他一朗诵完，又擦汗又扭手的姿态，比坐在黄河边写诗更加动人。

他每到一个地方，首先访问群众团体。他爱读报纸，又找到机要部门看有关战局的电文。这一切也渐渐变成了我们的习惯和工作方法。他的宣传工具就是街头诗，他随时随地写街头诗。他的诗稿很多，诗有长有短，根据诗的长短，把它们写在一面墙壁上或者一块门板上，这些地方又仿佛是他事前找好了的。那一次在孟门镇写诗时，有几个儿童为他撕去旁边的烂纸，他几乎感动得流下泪水。当他在台上第一次进行街头诗朗诵，引起轰动后，他向我告白了他亲身的感受："只有我才感到它的力量，到底是什么，我还说不出来。你看，没有唱腔也可以在台上变成一个节目，它也不是道白，却是抒发斗志的街头歌唱。"我们看到了街头诗由墙报，由街头广场，走向舞台之后，它的生命力更旺盛了。有一次是露天集会，他灵机一动地借来布幔，又在树间挂了起来。布幔上的诗行，震动了会场，引来不少青年学生当场抄写，也就在这个露天会场上，青年学生走上台来同高敏夫一起朗诵街头诗篇了。

这一次的印象最为深刻。秋夜的晴空，无比的静寂，只有星斗在闪烁，只有汽灯在照耀，也只有朗诵声音在流动，但又是无比的静寂、无比的深远和无比的振奋。

从此，一切都变了。

从此，我们三个人在边区参观团中，好像变成一个宣传小分队了。

从此，街头诗的旗子高高飘扬。街头诗变成了晚会上新颖而又普遍受欢迎的节目。

它也变成了我们三人中间压倒一切的中心工作。

因为它是我们接近群众通行无阻的桥梁。没有桥梁，寸步难行。

因为有了它，在群众心目中我们手中有了枪，变成了光荣的宣传战士，不再是无所谓的人了。

街头诗的写作是战斗，街头诗的朗诵更是战斗。街头诗本身就在战斗着。

因为它武装着每个人。街头诗的每个字就像一颗子弹。有街头诗装在心坎里，就像子弹装进枪膛里，它就会完成一个个战斗使命。

从此以后，我们的长途行军也变成战斗了。沿路的墙壁上、石头上，都写上了一首首街头诗，我们也就把通行的道路武装起来了。每块石头就是一件武器，每面墙都可以开辟一个战场。而且我们的行军也到了一个村庄又一个村庄，到了一个会场又一个会场，我们也就武装了每个村庄和每个会场，而前面的村庄和会场又是无穷的。

我们充满了信心，像是打开了一面大旗。这面大旗由延安一直走向敌后根据地。

高敏夫无愧于这样一员健将。每次会上，他必朗诵。他常常朗诵的街头诗有：《消灭敌人在黄河滩》《请你想一想》《男女一齐上前线》《献给八路军》。

有时他也穿插唱几首小调：《哥哥骑马打东洋》《要打得日本强盗回东京》。

他最爱朗诵的是田间的街头诗。他也朗诵柯仲平的《保护我们的利益》和刘御的《小脚婆姨》。

他写的一首《献给八路军出征将士》，已成为传唱一时的名歌。歌词如下：

全国动刀兵，一齐来出征，你看那大旗飘扬多威风，这彪人马哪里来，西北陕甘宁。

军民要齐心，救国打前锋，这个主张全国已同情，今番渡得黄河来，誓死杀敌人。

杀退鬼子兵，一齐下关东，城头站着两位大将军，威风凛凛是哪个，朱德、毛泽东。

……

还有一首街头诗《我们是无敌的游击队》，当时也谱成了歌曲，有人在大会上唱起来，他听去很像自己的诗，又不大相信。有人告诉他这是他的诗，他大喊起来："要是我的诗，为什么我还不会唱？"

他无愧于这样一员健将，又在于他一路上不知疲倦地战斗着，请看他的战果：

9月4日，我们访问一二〇师甘泗淇主任时，送去《论持久战》《抗日游击战争的一般问题》，并请求翻印街头诗，得到慨然应允，翌日就到政治部油印科校对街头诗清样。这样，街头诗不再为一面墙壁所有，或一个地区所有，它的形象几乎可以与一二〇师相比，也要"满天飞"了。

9月12日10时（在岢岚），我们去西北战线社参加座谈会，商谈建立文艺总哨第一分站及前方书报流通问题，出席者有刘柯、张君远、王博习、毛筠、田野诸人。他们决定战文社为延安文艺总哨第一分站，又决定9月20日战动总会成立一周年纪念日，为街头诗运动宣传日。

10月19日是鲁迅先生逝世两周年纪念日。我们由洪店回到柏岭，晚上由我们与冀中学生十数人召开座谈会，悼念鲁迅先生，并成立街头文艺社，选出杨维国等五人为执行委员。

11月底，我们又跨过了一条封锁线，来到了冀中军区。有一天晚上，骑兵营曾经进攻了唐县县城。因此我们的宿营地，一早一晚转移了两次。那时一切都是流动的，随着战火，在不停地流动。比如19日："漱洗时闻炮声，即牵马随军出发……"21日："午后一时经罗家营，到保定县政府所在地王盘村（第六区），晚参加各团体召开的座谈会……"22日："十时，芦县长召开县区干部联席会议……县府秘书郑太一爱上了街头诗，答应成立街头诗社……"

12月初，我们到达了冀中军区司令部所在地。他们决定成立战歌社冀中分社，计划出版刊物和丛书，以推动冀中军区的诗歌运动。《导报》又印出街头诗运动特刊，每期可印出九千份。又再多印三百份，分发到晋东南总司令部，还有冀南和鲁西一带。

我们在前进，街头诗也在前进，不久它就要到冀南、鲁西和一切抗日根据地去。战火给了它翅膀，它又根生在群众心田中，街头诗阵地不断扩大，它的旗帜也越举越高。

这是战争年代，也是街头诗年代。整个大地是一面鼓，在大地上每个战斗的足音都有回响——那就是街头诗，街头诗也就是战鼓。

高敏夫从陕甘宁边区来，文协的领导人柯仲平是狂飙社老将，他的狂笑，他的高声朗诵都不减当年。高敏夫也从西北战地服务团来，街头诗桂冠诗人田间永远是他的带头人。而我和韦明，也不缺少诗的热情，做了街头诗运动的忠实助手。不管我们走到哪里，也不管遇见什么人——干部、战士、工人、农民，我们都携起手来，用这首街头诗做我们的战斗徽章：

　　　　假使我们不去打仗，

敌人用刺刀杀死了我们,
还要用手指着我们骨头说:
"看,
这是奴隶!"①

1984年2月18日

---

① 这是田间的一首著名的街头诗。

游击二月

过同蒲路

抗战文艺工作团1938年8月由延安出发到晋西北，快一个月了。我们还要到前方去。

一二〇师独立二支队，我们管它叫毛支队，因队长叫毛少先，至今难忘的是由毛支队护送我们从这里过同蒲路。

过一次封锁线就是一次战斗。敌我斗争中有"扫荡"和反"扫荡"，也有封锁和反封锁。过封锁线也是当时必不可少的斗争形式。

我们是在时阴时雨中走完这八十里路的。沿途车道桥梁，均遭破坏。山势险，涧流也多，有不少人掉队。我们到达上阳武时，已是黄昏之后了。

上阳武在崞县和原平的西面，敌人可以随时从这两个地方来，又可随时退回去。上一年和当年6月，敌人已经到上阳武来过两次了。我们也动员数千名新战士入伍，誓死保卫这个三角地带。

上阳武这个三百户的村镇，如此安静、温暖，又是如此古老，它有小学校一所，有一座明万历年间建的文殊庙。敌人来后烧了大片房屋，七十人的小学也只剩下一半学生上课了。

第二天正好是"九一八"七周年。

毛支队做出了这样的安排：白天开纪念大会，也是为了纪念本支队一年来的阵亡将士；夜间派出武装，护送我们过铁路。

它的程序是过一条汽车路，过一条铁路，再过一条河，那就是有名的滹沱河了。它构成了一个纵深地带，为了跨过这纵深地带，如同运动场上三个跳栏，它的起跑点，必须在六十里路之外，在起跑点之前，还得做一系列的准备。这将是一次急行军，要做到队列整齐，保持一定的速度，绝对不要出声响，既要默默地潜行，又得具有高度戒备状态。这一切本来是一个战士具备了的，对我们来说，却都得从头做起。检查绑腿、鞋子、绳子、带子，为了保证绝对肃静，减少一切延误，所有牲口也整装待命，提前收拾好驮架。这一天增加午睡，为的加强体力和脚力。

预定7时出发，在这之前传来一股敌人窜到附近北贾村的消息。同时，又有一批由延安来的同志从后面赶来，要和我们一起通过封锁线。看来可能改期或者推迟行动，至少等待情况明朗后再说。然而，都不是的，反而决定提前一小时出发。

护送我们的只有一排人，行军时又和我们保持一段距离，但是我们觉得前后都有自己的人，而且这支队伍如同支队长在亲自指挥。

星空辽阔，越走夜越静。道路向前延伸，没有经过村庄，又听不见犬吠，它像是引导我们避开什么，又在逼近什么。

汽车路不知不觉地过去了，没有留下什么印象。

要过的同蒲路老远就看见了。它的样子有些神秘，路基很高，两边又如此空阔，铁轨虽已拆除，仍然感到有两条神经在跳动。我在路基上站了两三分钟。前后有点灯光，又像是星光。我从路基上走下来时，一阵轻松，如同卸去了一个沉重的包袱。

至于滹沱河，尽管是夜晚，又在这种不寻常的气氛中，我仍感到它的神韵感人。它活泼可爱，又像亲人一般向我们招手。有的人的确放肆了一阵，或者也是无意的，一个同志丢了鞋，赤了脚，又洗了澡。一只驮骡竟驮着文件箱，跑到敌人据点附近闻够了稻草香，才又回来归队。毛支队有自己的耳目，熟悉一切，占有一切，他们是这一方的土地之主。凡是敌人用一条虚线封存起来的，毛支队用自己的脚，自己的子弹，践踏了它又穿越了它。

我们是在摩头村过滹沱河的，过河的时间略长了一点。过了河又走了八里路，预定在神头村宿营。这时已是翌晨3点半钟了。

可是，我们在神头村仅仅歇了脚，又向前走，到了东社镇才住了下来。

这是因为崞县当时存在三种政权——旧政权、伪政权和新政权。设在拜岗的是旧政权。由神头村穿过薄雾能够望到的崞县县城，那是它的伪政权。显然成立了伪政权之后，才把旧政权从县城里挤出来的。如果在神头村住下来，我们便处在敌人炮火射程之内，所以必须向前走，一直走到炮弹打不到的地方——东社镇，这就是崞县新政权的所在地。

在 五 台

抗日根据地是一个伟大的崭新的创造。

晋察冀军区具备政权形式，它叫晋察冀边区政府，它是全国第一个模范抗日根据地。

到了东社镇，算是踏上了边区的新土地。崞县又是我们所见的边区政府的第一个县份。

晋西北和这里一线之隔，晋西北那里还是游击区。在游击区所要实现的，在晋察冀全实现了，而且更加完备。晋察冀向我们伸出了第一只热情的手，由他们派出的一排人和十五头骡子来接我们，今天在这里碰头了。他们又说，早就听说参观团要来，他们为了欢迎我们，已经两渡滹沱河了。他们在迎接由延安来的亲人，我们也像是拥抱一个个在敌后取得辉煌成就的战斗兄弟。

东社镇以西是崞县县境，以东便是五台县了。晋察冀边区首脑机关，这时都住在五台山区。

从这里到五台，风景骤然改观，树木多起来，果树尤其多，气候也像是变暖了，而且所到之处，各种新事物不断袭来，直到今天，我还保持着那种新鲜的无比亲切的感受。

首先是无数的难以忘却的地名。我们用行军的速度一个个走去，它们也是一个个用不同的风采来装饰自己的新生。

路过王东村参观小学时，《抗敌报》赫然在目。这是第一份代表群众喉舌的报纸，又是在敌后创立的，这无异于群众自己组织起来了，又高举抗战胜利的旗帜，在阔步前进。

我们又看见了边区发行的纸币，它在市集上和商店里自由流通。这像是另一支抗战大军，穿着自己的服装（票面上的民族图案），占领着足以歼灭敌人的一切前沿阵地。

五台以南的东冶是出产大米的地方，我们还没到那里就吃上东冶的大米了，仿佛在催促我们向前赶路，或者嫌我们向前赶路还不够快似的。

一路上，每天早晨都有队伍欢送我们。一天是二区四支队列队欢送，另一天又是两千名拆城的民兵，在他们交班时我们相遇了。

我们在二支队时，支队长李和生，江西人，二十三岁；参谋长刁荣生，陕北延长人，才二十一岁。刁荣生是当时全中国参谋长中最年轻的一个。同时，这个支队里还有个张汝温，本地代县人，曾代理过四天作战参谋，现调为测量员，此人聪明过人，又有惊人的记忆力，只读过三年书。我在这里记叙这一笔，并不因为他们是唯一的突出例子，倒是想要说明我今后遇到过很多很多更为年轻有为的县长、区长和游击队长。

长久存在的城墙正在拆除。我看到了五台的城墙在拆除。我向前走到河北平原时，很多城墙都在拆除。平常并不感觉它们的存在，好像只在战争时期才想起它的作用，可是现在并不是用它拒敌，而是拆除它以适应战争的需要。

一天晚上，我们的宿营地是过去的崇实书院。它的规模和旁边文庙的规模同样大，同样古老。我们走进了由庄严的寺庙构成的古建筑群。过了耿镇，在金刚库、石嘴子、古佛寺、射虎村一带，大的寺院林立。每个寺院都打破了自己过去的沉寂，换上了一副副有独立色彩的新容颜。

石嘴子一座大庙里是边区邮政总局，另一个庙里是边区银行。银行已不同于旧社会的银号，邮局也再不见那洋人气息。他们——又是一些年轻人都穿着学生装，坐在办公桌前，而他们的心依然挂念着田里的庄稼和战场上的父老兄弟。

司令部、政治部、供给部都分散在几个大村子里。各种集会和各种会议，又分别在各大殿里举行。或者可以说，只是五台山寺庙的椅子也许有一千把、两千把，这些椅子都由公家打借条借用了，凡是这些椅子流散的地方，都有政权存在，都有会议进行。

我们在金刚库受到了聂荣臻司令员的欢迎，那是下午4点钟。那一天我们是经过嵩运口来到这里的。嵩运口设立了一座大医院，又有几条街道，街道的名字有朱德路、平型关路，当时看了实在使人眼花缭乱。到了金刚库，首先听到鼓声、悠扬的军乐声。学兵营的学员在街头列队，聂司令员就站在队列的前面。那几面大鼓，是那么大，我从来也不曾见过，是不是只有寺院才有的？它的声音是那样洪亮悦耳。这欢迎的场面，分明是战争时期才有，而这么大的鼓，像大炮，又绝不是为战争所有，因为携带如此大鼓势必难以冲锋……这一切繁复奇诞印象，使我历久难忘。

这又是这样一个时代，天上炮弹子弹在飞，当代英雄事迹和民间传说同时在人民心中生长。去年娘子关失陷，部队后撤，只有聂荣臻将军独自留了下来。当时留下来的有政治部主任，还有一位组织部部长，除此之外，还有二十支步枪。现在，晋察冀边区统辖五十几个县和三十多万军队（包括友军和游击队），它已成为全国最巩固的模范抗日根据地。如不目睹过去，实难相信现在。把不敢想象的事变成现实，这是神仙才能办到的。可是，现在这样的事又是有口皆碑的，最有力的表达形式便是民间传说了。所以这是这样一个时代，所有群众的大胆创造，又立刻都会得到民间传说的承认。这也是这样一个少有的时代，每个英雄行为都可以立刻走向民间传说中去。这是多么奇妙的时代。由群众创造，又立刻得到群众的承认。群众爱护每一个民间传说，因为每个民间传说都是群众的鲜血构成的。

这里有这么多的集会。五台山古佛寺的每个大殿都提供了集会的方便，而且这些集会又多是属于庆功活动的。

在这些集会里，有一次是为了纪念平型关胜利一周年的。

还有两次我会见了白求恩大夫。一次像是他刚从手术台上走下来，另一次是他去前方医院的前夜。

又有多少将领从这些集会上走向前线，或者刚从火线上下来，他们把硝烟和胜利的消息一齐带到会场上来了。

至今难忘的是那次欢迎会上，参观团送给聂司令员一面锦旗，又把延安抗大副校长罗瑞卿同志带来的一双草鞋送给聂司令员。这双草鞋是"抗大"的女生特制的，这份礼物既亲切又实惠，因为聂司令员脚上那双草鞋也该换了……

游击生活

晋察冀边区生存在战争环境中间，从开始就不曾离开过战争。战争像潮水一样，有时涨上来，有时又退去。战争也有一定的间隙，这个间隙又是可以掌握，甚至是可以制造的。

游击战中也有它的前方后方。前方和后方的变动性很大，也许十分贴近，也许又互换位置。

我们跟随的是后方机关。它们和前方的距离，有时用得上电报、电话，有时只需要用枪声和炮声来测量就行了。炮声也只是十里二十里，枪声就更近了。常常是敌人在前村进村，我们在后面出村。

无论如何这是前线的后方，安定的时间多，住处和工作安排也都有着长期打算，连每次会餐的时间也比前方长得多。但是，这里的每个人都有一条神经通向前方，它传递着每一个战斗信息，又是那么敏感，不像我们刚从后方来的人。当时使我们感到突然的，事后慢慢想起来，所谓战斗也会有个过程，有迹可循的。

我们面临的这次"扫荡"，它又是怎样来的呢？

9月28日上午参观团开过组长联席会议之后，就去参加边区文协召开的座谈会，由《抗敌报》社长邓拓同志做边区文化运动现况的报告。他做他的报告，报社同志却在做战斗转移，好像互不相关，我们自然也未在意。

当日在海会庵受训期满的农民干部学员百余人，出发各县去做地方工作。晚上，又有从冀中去延安学习的二百多青年学生，路过这里。

又过了一天，我们去耿镇参观，路中遇敌机飞来，一掠而过，像是无意中遇到的。10月1日，我们去射虎村边区政府教育处，他们也在准备转移，另一些人又去躲飞机了。到了晚上，司令部发出通知：整装待命，准备随时出发。供给部亦由耿镇向门限石靠拢。耿镇距敌只三十里，可闻炮声。

直到此时，我们在精神上才承认处于临战状态。我们又是一些未经过战斗的人，表面上也持镇静态度，内心里却十分惊惶。前几天路过此地去延安的冀中学生，因前面道路遭到破坏又回到这里，加上敌人飞机不断飞来，其实这是在进行侦察，炮声有时更加清晰，好像有一股不可抗拒的力量，一直在向战争的边缘推进。忽然三五九旅开来，人心安定不少。接着，大同附近的七一七团也开来了，于是我们又有了开联欢晚会的理由。机会十分难得，参加的单位也确实不少，有冀中学生、七一七团、三五九旅、参观团和直属队……晚会中间又传出一条消息：唐参谋长带着警备连在战斗中受伤，已经撤了下来；但是晚会仍在继续，而参观团的头头们同时在开小会，准备各团员在晚会结束后填写一张简单的履历表，并提出工作意见——参观团任务结束后，回延安还是留下来工作，各人提出自己的意见。

我的印象是：我们在炮火中，从不放弃庆祝和联欢的机会。一个战斗和另一个战斗之间，它是用各种集会联结起来的。在这些集会中又进行着各种准备转移工作，这也变成了我们的传统。

七一七团开来，可能是为了参加粉碎敌人的围攻。我们仍然有条不紊，不失时机地订出了分组访问七一七团三个营的计划。其间，我们几个人到蛤蟆石村对面一个小村去过。该村十几户人家，全村姓李，闾长李红红是一个六十二岁的老妇人。她体格健壮，一双天足，只要看一下全村没有一个缠足的女孩，就知道这个小村独自在一股清新的空气中茁壮地成长。我们和李红红谈话时，金刚库村村长写来一张字条，要该村火速派出三个民夫应差，李红红马上到山里叫人去了，我们也只好回来准备下次再来访问。想不到我们回来时，参观团已全部转移，我们从此也就开始了大规模的游击活动。

我们经过一段漫长的游击生活。有时长途行军，有时夜行军。有一次我们在雨中行军，又有过失误。侯家沟是一道深沟，没有找到向导，爬到山顶一时找不到路，不能前进，又不能立刻退下。下着瓢泼大雨，衣服湿透，道路泥泞，大小石头在脚下一齐滚动。已经走了一夜，只好再等到天明。

敌我的枪声有时响在头前，有时又响在身后。有的村庄刚刚战斗过，我们就从它的身上走过去了，或者我们刚刚经过一个和平村庄，不久它就被敌机轰炸了。我们似乎照直在走，到头来又都是圆周运动，没有离开我们的基地。

我们在行军中度过了中秋节。第二天政治部主任执行自己的工作计划，向我们介绍了边区目前的战况。然后全队出发，一直在走，又夜行军二十里。中间过一盘大岭，路极难走，这是两省交界处。岭西是山西，岭东便是河北省平山县了。我们第一个宿营地叫蛟潭庄。

由蛟潭庄往南，过了滹沱河是小觉镇。恒山书店颇为有名，因为在极困难条件下，他们用油印翻印了各种书。这是一番壮举，这又是杯水车薪，但自有其伟大的现实意义。这又是后来人不可能再做的事，可是对这件事哪个后来人不表示自己由衷的敬仰和感激？我们也是第一次在这里遇见儿童团查路条，这也是一件开天辟地的事，这样一个历史镜头在河北平原上出现，它与山西蛤蟆石村的李红红有同样重要的意义。一个是十几岁的少年儿童，一个是六十二岁的老太太，他们共同代表了一个时代的变化。

我们似乎甩掉了什么，又可以自由自在地来往了。我们在滹沱河北岸柏岭开过军民祝捷大会，又一次见到白求恩大夫，他在祝捷大会上讲了话。10月19日纪念鲁迅逝世两周年这一天，在这里又成立了街头文艺社。接着我们行军到下口镇，又经六岭关村到车轮村。六岭关以东为河北，以西又是山西盂县境了。现在我们又回到山西来了，以后在上社住了一段时间。上社有第五游击支队政委陈义胜的纪念碑①，敌人两次经过上社，都来不及加以破坏，可见这里有一阵也曾激烈战斗过。到了10月底，我们又返回河北小觉镇。这时传来武汉、广州相继沦陷的消息，全国抗战形势又面临一个新的阶段。

---

① 只知陈义胜为湖南茶陵人，九岁即参加农民运动，牺牲时年仅二十二岁。

劫后阜平

我们到了阜平,又别离了阜平。这是劫后的阜平。

这年3月7日敌人占过一次,10月6日敌人第二次进犯,有四千人,27日退去。我们11月5日赶到,这已是敌人退后的第九天了。

城里没有留下像样的房屋。在南街小巷一带,仍可闻到焦土的气味。但是,全城居民全是胜利后的喜庆颜色,各级军政首长与民同庆,也都回来了。为了收复阜平,他们经历了一连串战斗:小河战斗,望都十五汲车站战斗,炸毁定县新乐间的铁桥,在王快和王林口之间伏击敌人,又在五丈湾伏击敌人的运输车……

我们连着几天,到郎家庄访问十一大队,又到东石门访问十二大队……

火热的战斗生活中有着那么多的英勇故事:《一个青年宣传科长的马》《粪车的故事》《一个侦察员的报告》《一根扁担消灭一个鬼子》……

苏联十月革命节那一天,也是晋察冀军区成立一周年,庆祝活动一直持续到深夜……

土门这个地方

我的第一篇战斗特写是从"土门"这里开始的。

我们从阜平出发,要到三军分区司令部去。第一天走了七十里,第二天由经家口到武家湾还有五十里。这一路上,最多的是枣树,有了枣树就不难想象民情淳厚的图画。但是眼前所见的又是一片战争景象,仿佛阜平的战斗由这里开始,又回到这里,像是拖着一条尾巴,还没有完全结束。过土门时我们听到炮声,我们又远远望见平阳的房屋在冒烟。这是当天早晨敌人由平阳退回王快时把房屋点着的。

在炮声中，在火光冲天的燃烧中，一定有许许多多人在遭难；但是在路上我们遇见的却只有一个愤怒的中年农民。

他，且按下不表。再说在这片刚刚战斗过的土地上，这时走着另一支队伍。我们人数不多，却完全忽视敌人的存在。我们是来巡视战场的，不过其中有一位特殊人物，他叫刘景山，是一位营长。这年2月他在这一带战斗中受了伤，正要归队，所以现在还不能算是一个战斗员。但他又和战斗从未分开过，一颗子弹还留在他的体内。为了这颗子弹，他曾到军区司令部找过白求恩大夫，因无X光，也就无能为力。除此之外，他还抱着一个坚强的美好幻想，他知道三军分区是可以自造弹药的。造炮的机器早已买好，因敌人进攻才暂时埋在土中，那么现在可以安装了，可以造出枪炮了。他现在正是带着有子弹但已痊愈的身体向这个蓝图走去。

大地上一片尚未熄尽的战火。大地在呼号，大地在悲壮地歌唱。这是抗战初期常见的场景。在这个舞台上这时出现了一个农民和一个尚未复职的营长。二人同时走在大地上。二人在对话。

敌人在平阳放了火，老乡从树林里跑出来。营长躺在担架上问："冒烟的地方是不是平阳？"

"平阳。"老乡答。

"你是哪里的？"

"平阳。"

显然老乡为了平阳被烧才从家里跑出来。

这时营长对老乡喊："鬼子退却时放了火，我们派一连人救火去啦！"

一个战士跟着重复："对啦！鬼子放火，我们救火！"

这时，巨大的旋律在大地上弹奏："敌人放火，我们救火！"

这就是抗日战争的主旋律。

我的战争特写，从这一篇《土门》开始。它贯穿着这个主旋律。从此，这个主旋律贯穿了我所有的特写，贯穿了我的"特写生命"的始终。

我认识了田冲同志

我们的行军路线，一直是由西向东。

我们总是由一个部队走向另一个部队。这也因为在我们的前方总是有那么多的部队。

我们踏过了两条封锁线。眼前又是一条平汉铁路，我们就要穿过它到河北大平原——冀中军区去。

我们来到唐县北的北店头，又一天我们到了唐县南面的北罗。这是因为游击军司令部在北店头，一二〇师的骑兵营又驻扎在北罗。

敌人占领了唐县县城。县城和铁路线上的望都紧紧相连，敌人源源不断地由望都向唐县增兵。可是唐县的地方工作也是数一数二的，它有三百多个村庄，六个行政区，堪称地方工作的模范县。

这一天路过玉石岭，这里以盛产汉白玉而闻名。但是使人难忘的是玉石岭以东，一眼望去，全是平原，我们走过的那些山山岭岭，也都从此隐去。身后的群山与面前宽广的平原相对照，一边深邃幽静，另一边无比辽阔，印象如此强烈，一时无法调和起来，竟是那样惶恐不已，久久不能平静。这几乎和忽然站在大海前的感觉是一样的。

我带着这般感觉在北罗遇到的也完全是崭新的印象。

我在这里遇见了骑兵营。骑兵本不多见，一营骑兵，尤为壮观。他们似乎刚从山区牧场驰骋而来，平原就是他们征战的地方。他们在这里已经取得了大大小小不少的胜利，出于对骑兵的特殊的爱，他们比步兵神速，用得上"神出鬼没"四个字来形容，老百姓自然创造了许多天兵神将的传说，尽量满足自己的美好幻想。

傍晚到达北罗，这是一个安静的黄昏。应该点灯还没有点灯，星星已经亮起来了。我们刚刚安顿下来，却又接到出发的命令。这时，一匹匹马从我面前走过，我看见了闪光的枪刺，看见了紧靠鞍鞯的腿，也看见了一个个剪短了的马尾。一匹接一匹，这是数不尽的。马蹄声敲在大地上，就像敲在我的胸膛上。平原上有不少树林，常常遮断道路，而道路也不都是平整的，因为已经开始破路了。为了防止敌人汽车的行驶，道路挖断了，挖断的道路变成一条和道路等宽的壕沟。于是，马队跳上跳下。有时在道路上奔驰，马蹄铿锵有声，蹄铁也发出火光来，有时又隐在地下，顺着壕沟前进。

下半夜3时，我们才在南放水住下来。

第二天敌机来南放水侦察了两次。

骑兵营长刘云彪和政委蔡顺礼，一个"抗大"二期，一个"抗大"一期；一个是福建人，另一个是江西人。他们虽还年轻，可是战斗经历之长，完全有资格这样说：与其说敌人在追踪他们，不如说他们在牵着敌人的鼻子走。

多少年后，我读了彭大将军的自述，他在井冈山突围后说出了自己的感受："从井冈山突围到鄂都桥头的三十天，没有根据地的依靠，得不到群众的支持，使红军作战、行军都遇到很大困难……开始认识到根据地和民众的重要。"那时，常常是"刚一落下脚来，即进行一百四十余里之奔袭，而且是攻城"……这样，红军除作战外，在"整训休息时，要做群众工作"；在"局势稍微缓和时，也要抓紧学做群众工作"……十年之后，在当时的抗日战场上，具体发扬了根据地的光辉思想，而且做得这样得心应手。

这一天所看到的抗日根据地的情况，也是完全如此。

前一天在唐县北有游击军、游击军司令部和唐县县政权（游击）好像是在合署办公。当天在唐县南，完县县政权（游击）又和骑兵营合署办公了。军队和地方政权手携手，紧密相连，也可以说军队走到哪里,地方政权就跟到哪里。

完县就在邻县,向东不远就是完县的第三区。在这里我们看见了完县县长李桂森,他是山西蒲城人,北平师大教育系学生。他对我们非常亲切,把由骑兵营得来的相片、敌币和五册敌兵日记全都送给我们。晚上8点,他又向我们介绍完县第三区的妇女工作,一直谈到深夜。

他的叙述详细、生动。这是一个神话般的故事,如同第一次听见妇女站岗查路条那样,又相信又不相信。第三区齐王庄原是个不出名的村庄,平地一声雷冒出了一个妇救会。什么妇女主任,除奸委员,宣传委员,冒出的这一大串,全是女的。富有大丈夫气概的男人瞧不起她们,连办识字班的房子也不给。妇救会除奸委员捉了一个汉奸,汉奸又供出了敌人要进攻完县的消息,县里为了迎接敌人的进攻决定召开自卫队检阅大会,这一切都未引起村公所的重视。在检阅大会那一天,齐王庄的女自卫队不但列队整齐,唱起抗战歌子大出风头,又因除奸工作好,募集工作好,齐王庄女自卫队争取了两个第一:募集工作第一,女自卫队第一。齐王庄的男自卫队大大丢了脸,村副也丢了脸,回来立刻给识字班拨了房子。从此,齐王庄的妇女工作全面展开,取得很大成绩,这一切又与区妇救会主任有关,这一位就是大名鼎鼎的田冲同志。

接下来我们经历了两次转移和一次战斗。

不论是转移还是战斗,对我们来说都属于军事秘密。事先根本不知道当天晚上骑兵营和游击军配合十二大队要对唐县敌人发动一次进攻,而且,我们也不知道为什么白天还要移动一次,又移动到什么地方。总之,战斗气氛十分浓厚。李县长一早就不见了,也不知他什么时候走的和为什么走的。头半晌我们待在老乡家里,等着出发又不来命令。来了命令要起身时,却来了一个女的倚着门递来一封信。这信是李县长写来的,他特意介绍这位区妇救会主任田冲同志前来谈完县的妇女工作。

我们多么吃惊,实在感谢李县长。但是又多么不巧,是转移呢,还是谈话呢?不知该怎么办好。我说:"怕是谈不成啦!"我匆匆地望着她的面孔,她没有说什么,只觉得她很年轻,她脸上也像是十分抱歉,但又十分镇静。她没有再说什么就离开了。这一整天都在行军,她的影子不时地在我眼前闪过,这在战时也是一件非常偶然的事。黄昏时我们在固城村住下来。这是一间披厦,放了一只黑色大木柜,但又像没有人住过。不一会儿有人送来一盏灯,这人不是别个,正是田冲同志。原来她一直跟着队伍行军走来,为的是完成县长给她的任务。

她这时坐下来,一直和我们谈了六七个小时。这一夜显得这样安静,可是在不远的前方,敌我交战的炮火却是十分激烈。现在我看清了她的面孔,正像我在《黎明曲》①中记下来的:"她原是保定师范的学生,今年二十一岁。她的鼻子不大,一撮短发从白毛巾里露出来……"她"一身青粗布衣裤,扎腿,布底皂鞋,右大襟的纽扣一直扣到脖颈上。她的胸前,用白线绳挂着一个日记本和一段铅笔,这是全县救亡工作人员特有的标志"。我在《黎明曲》中也记下了她工作中最出色的一章,那就是她善于做上层的统战工作,由她说服了丘老太太带头募集救国公债,全村老老小小,有钱的没钱的都动员起来了,真正做到了"有钱出钱,有力出力",大家一起来抗战。

第二天早晨,我们又从固城回到北放水。这时又接到完县县长的来信,要我们不要走,他明天赶来还要同我们谈话。但是不久又听见了炮声,这是敌人分六路向北放水进攻,我们又向新的方向转移,敌人扑了个空。

这中间,我实在记不起田冲同志何时来的,又是如何走的。她的

---

① 我为田冲同志的谈话所写的报告文学,叫《黎明曲》,原题《她们一群》,又名《妇女抗战进行曲》。

影子又一次消失了吗？没有，没有，永远没有，她一直留在我的记忆里，留在我的心中。

骑兵营派人护送我们在望都附近过了平汉路。在河北平原上我们还保存了三个完整的县，那就是肃宁、安平和饶阳。当我们到达蠡县时，据深泽县打来的电话说，贺龙将军率一二〇师近万人已到达深泽。1月底，我们在王军庄会见了贺龙将军。

1984年9月27日

战士形象
——记丁玲在前线

一

五十年前我写过一个短篇小说，叫《五大洲的帽子》。写完以后，它就从我的记忆中消失了。我忘记它当时发表没有。我把它连同其他一些原稿，背在身上，经过长途行军，从延安带到东北。东北全境解放前，大连光华书店开业，我把短篇小说收在《水塔》集子里出版了。

关于这篇小说，所有的记忆就是如此。另外几篇的命运同它一样，当时都未得到发表[1]。这是因为1942年以后，国民党军队封锁了陕甘宁边区，边区与大后方完全隔离了。从前可以在大后方发表作品，在延安也能看到那些刊物。我不记得《五大洲的帽子》发表了，至少，我没见到发表此文的刊物，这是无疑的。

但这篇小说给我的印象最深。因为这是一个秘密。记得我刚从前方回到延安，硝烟还未散去，一天工作之余，丁玲在她的窑洞里对我讲了她的前线生活。这段生活集中在一个故事里。当时我十分激动，

---

[1] 当时没有发表带到东北的，有《揽羊人》《沉默的黑怀德》等，这几篇都是描写陕北农民生活的。

因为故事动人，虽然只是一个片段，或者只是一个侧面。这个侧面不是一般人所能遇到的，因之也是独特的，也就是说它仅为丁玲所有。何况这个故事又带火药味，但并非发生在战壕里，又没有拼刺刀的场面；可又是面对面的斗争，不能不说富有浪漫气息。我被它吸引住了，不知酝酿了多久，我把它偷偷地写出来了。最初的标题就叫《五大洲的帽子》。

一别就是数十年。丁玲对我讲故事时，她刚由前方回来。她带西北战地服务团（下称"西战团"）由延安出发，过黄河到晋南太谷一带，后到晋东南临汾、洪洞、赵城一带活动。1938年她又回到延安，1939年任延安文化协会副主任时，我在她手下任秘书长。后来，她离开文协到《解放日报》工作，我也离开延安下乡到绥德米脂一带。抗战胜利后，各奔东西。新中国成立后，我们又在北京相会；但不久又各自分离。再以后，各种运动使我们抓不住自己的命运，久久不能相聚，又几乎是老死不能相见。直到我们重新拿起笔来，又能出版书籍的时候，有几件事值得写在这里。

我的散文集《从冰斗到大川》在上海文艺出版社出版，第一次印刷十一万册。有一天四川出版社的同志到丁玲处组稿，按中国幅员之大，又根据（20世纪）50年代出版情况，我议论说：初版至少该印四万册。现在我仍坚持这个意见。如果初版只印一万册，应该很快再版；否则，不是出版物不够品位，就是发生了不正常现象。我再重复一次，直到现在我仍坚持这个意见。

《五大洲的帽子》收入《青春的召唤》，又收入《雷加短篇小说集》。送这两本书给丁玲的时候，我一直想请她读一读这篇小说，但我一直没有说出口。1981年我写那篇记丁玲题名《云烟滚滚春意浓》（后改题《为了未来》）时，文中一开始就写："那时，丁玲离开西北战地服务团还不久，团员来看她，或是她听到某人在前方的消息，就娓娓动听地讲起过去的事，像回忆儿童时代，却又带着一副慈慧的笑容。每件事都很感动人，后来我偷偷写了一篇《五大洲的帽子》，写一个红军老干部，跟她一起冲破封锁线的故事。我相信她至今还未看过，一旦被她发现，她会兴奋地叫起来：'这是我的故事呢，还是你写的小说？'"

故事的真实性如何，下文再说；但我一直相信她不曾读过这篇小说。至少，在她有生之年，我和她都一直没有谈起过这篇小说。这篇小说的原型确实是她亲自对我讲的，其中那个战地服务团的女主任确实就是丁玲本人。直到康平同志编写我的"研究专集"时，一件麻烦事就来了。著译系年中我的每篇文章都查出了写作年月和发表经过，只有《五大洲的帽子》落实不了。

《五大洲的帽子》写于1940年。当时国共关系渐趋紧张，最后陕甘宁边区遭到国民党军队的无情封锁。1942年以后所写的文章，只能在延安报刊发表，再不能寄到大后方发表了。奇怪的是从记录上看，我1941年写的《鸭绿江》和《死者的故事》都在大后方《文艺月报》和《七月》杂志发表了，独独前一年写的《五大洲的帽子》查不到记录，它为什么从记忆中消失了呢？后来的结论是或者寄丢了，或者根本没有寄出去，所以没有发表过。

1988年年底我的"研究专集"就要截稿了，编者仍在为没有出处的文章到处查询。有一天我同端木蕻良乘车到机关开会，谈到"研究专集"的事，也许我知道他同丁玲在山西临汾相遇过，又谈到当时战局变化太快，以至查不出这篇小说发表过没有。他问什么文章，我说："《五大洲的帽子》。"

他说："我发表过《帽子》。"

我说："什么《帽子》？"

他说："就是《帽子》，就是你写的那篇《帽子》，你写的《帽子》。"

"在哪里发的？"

"在香港，在我同周鲸文主编的《时代文学》上发表的。为了谨慎，我把题目改成《帽子》。"

"这是真的？谁寄给你的？"

"丁玲，丁玲自己寄的。"

他说得那么真切，我更加不相信了。但是事实胜于雄辩，没有过多久，我从广州中山大学饶鸿竞同志那里得到了《帽子》在《时代文学》上发表的复印件。使我更加惊奇的是他把丁玲当年的介绍信的复印件也寄来了。一切差错皆由于交通隔绝。手稿寄出去了，登作品的刊物却寄不来了。它是那么遥远，又是战争年代，那是从延安到香港啊！至此，不但查出了这篇文章发表的经过，而且也证明了丁玲一开始就读过这篇描写她前方生活的故事了。记忆这东西，有时真会骗人，请谨防上自己的当。

二

现在我应该公开这件事实了，即我应该宣布这篇小说是丁玲传记的一部分，是丁玲生活中一个真实的事件。

我不知道有多少作品是写作家生活的，但我总是占有这样一份荣誉了。我有幸把我敬爱的作家的一个顶峰事件记载下来了。

这个故事梗概如下：时间是1937年10月左右，地点在山西太原以南太谷一带……

抗日战争开始不久，华北国民党军纷纷向南溃退。阎锡山控制的山西，抗日统一战线刚刚成立，还时时发生严重的摩擦。我一二〇师、一二九师等由红军改编为八路军，他们过了黄河，在晋西北、晋南、冀察晋、冀中一带打击日寇，开辟抗日根据地。

此时，一个以宣传抗战为中心的剧团在延安成立了，它就是丁玲率领的那个西北战地服务团。10月间，他们经延长过黄河，沿大宁、蒲县到临汾，尔后又北上至太原。一方面是国民党军溃退和日军进攻造成的恐怖，另一方面老百姓参军打日本鬼子的高潮一浪高过一浪，就在洪洞丁玲记载了三个孩子参军①的故事。一个叫张百顺，十三岁；一个叫张如亭，十二岁；另一个是李强林，也是十二岁。每一个孩子都有一段坐火车，逃跑，抓回去，又逃跑要求当红军的故事。李强林说，如若将来被日本人杀死，不如现在死。他死不回去，老子劝不动也不走，父子二人坐在一起哭。最后老子走了，后来又赶到车站告别。老子说："你是对的，你好好地去吧！我老了，东洋人来了我就到山上去，没有什么用了。将来你们打胜仗，你回来看看吧，你要知道你祖父就只你这一个孙子，祖宗香火全靠着你啦！"

西战团在太谷活动时，坏消息传来了。太原、榆次危在旦夕。西战团接到命令：分成两个队，一队向东，一队向西。丁玲这一队向东，直奔和顺县和辽县向一二九师靠拢。他们队共有三十几个工作人员和十二个事务人员。和他们一起出发的还有新成立起来的东北游击队。两个队伍同路，为了互相有个照应。他们按照军用地图一个村一个村地走去。目的地是范村，因天色已晚，就在距范村七里的冀村扎了营。

这个故事就是在冀村发生的②。

原来前边范村已经住上了一连杂牌军的溃兵。他们毫无纪律，抢掠老百姓。西战团和东北游击队打前站的人进范村就被溃兵扣下了。消息传来，西战团和东北游击队就地驻下，暂停前进。东北游击队拟了两个方案：一是缴枪，一是放他们走。丁玲是主张做好统一战线放他们走的。后来，他们两个队还是和溃兵起了冲突，又友好地解决了。

这个事件，丁玲在《冀村之夜》中有详细的叙述。我当时不可能听得那么详细；但主要的情节却是那么生动、感人。三个队伍像是三个不同性格的人，他们遇到一起，发生了纠葛，又合乎逻辑地解决

---

① 《丁玲文集》第四卷，第72页《孩子们》。
② 丁玲自己有记载，叫《冀村之夜》，见《丁玲文集》第四卷，第76页。

了。在我的小说中，我尽量突出三种人的性格。这三种人有的出场，有的不出场，我的笔墨自然都集中在主任（丁玲）身上了。《冀村之夜》中提到的西战团的管理员，"是一个老革命，长征过来的"。我的《五大洲的帽子》这个故事，就是以这个管理员长征干部武刚一条线贯穿下来的。我喜爱武刚这个人物。无疑地我在创作中发展了他。每个老红军，当他们摘掉五大洲帽徽换上青天白日帽徽时，都经历了一番感情上的冲击。的确，有人把五大洲帽子藏在身边，但不一定是武刚。不但如此，武刚同知识分子之间的矛盾也被我强化了，甚至由隔阂引起了猜疑，团里竟有人怀疑藏五大洲帽子的小包有他个人不可告人的目的。这些细节无疑浪漫化了，也是为了刻画这个人物所需要的，而这个人物最终又是为了主任而存在的。武刚是为了保护主任才跟踪在后面到七里之外那个高深莫测的范村去的。武刚不顾个人安危跟在主任后面，这不是说明主任也是不顾生命危险前去解决冲突的吗？这篇小说似乎不是写的丁玲，而是写的武刚，至少武刚有喧宾夺主之嫌。但我对武刚的爱，正是由于武刚对主任的爱而来。没有武刚，主任的形象依然存在，而没有主任，武刚则失去了自己的光彩。这是为什么？如果说主任的行动一切都是纪实的，那么浪漫主义的武刚就是两者一个很好的结合了。一个属于生活的真实，另一个属于艺术的真实。

我也是现在，从这篇小说中得到这个启示的。

三

西战团的成立是自发的，也是偶然的。

抗战消息传来，延安一片大字报，每天至少有几十个连干部要求上前线。毛主席在"抗大"操场报告说："只要是不怕死的，都有上前线的机会。""抗大"学员提前毕业，每天不知有多少人马开拔。丁玲的心情也动荡起来了，她和六七个"抗大"学员，一起草拟了一份章程……人不断地扩大，性质也在变化，他们人才济济；但绝不像马戏团，也绝无浪漫派的艺术家，他们是一个以宣传抗战为主的战地服务团。丁玲荣任了主任，但她写道，她有"说不出的懊丧，以一个写文章的人来带队伍，我认为是不适宜的"。以后是建团工作，这一切都包括在《冀村之夜》那一组散文之中，有《西北战地服务团成立之前》《工作的准备》《我们的生活纪律》《临汾》《孩子们》等十篇[1]。

今天读起这些文章，如果说它详细记载了建团经过，莫如说，这是一个"新生命""新机体"诞生的生动记录。

请看《第一次大会》，到会二十三人，讨论通过了行动纲领和本团公约，并决定发一成立宣言并通电全国。这一行动无疑等于今天的新闻发布会。它通电全国，实际上是通电全世界。这不是一个普通团体的诞生，而是一个划时代的信号，新世纪的钟声。这无异于代表延安再一次向旧社会告别。

新社会一切都是新的。当时的印象是那样强烈。它震动着每一条神经。一切粉碎了，又重新组合。一切颠倒的观念都颠倒过来了。如同婴儿的第一声呐喊，它呼唤着新世界。

规约中这样写道：一切行动听指挥；有意见就提出，避免无原则的争论；发扬抗日统一战线的模范作用……

8月11日丁玲在日记中又写道："不要怕群众……""领导是集体的……"

又说："……我不愿以我的名义领导着他们……我不是一个自由人了；但我的生活将更快乐，而且我在一群年轻人领导之下，将变得比较能干起来。我以最大热情去迎接新的生活。"

我知道她，丁玲早已到边区来了，那时还是红军时代。来之前我

---

[1] 诸文见《丁玲文集》第四卷。

也知道她在白区做过地下工作。她是一个共产党人，异于旧社会的任何人，是一个新型的人。

但，如何才是一个新型的人？这不等于从西安走到延安就变成了新型的人，也不等于口头上承认了就是一个新型的人。

别人对自己，或者环境对自己都是重要的。但更重要的是一个人如何由量变到质变，如何在实践中达到质变。不只是观念变了，还要见诸实践。如何要求自己，如何改变认识，如何改变人与人的关系，如何使自己从各个方面真正变成一个新人。

我以为丁玲感到自己真正变成一个新人，或者它的转变过去就开始了；但是真正感觉到的是从西战团成立那天开始的。从她提出"不要怕群众""领导是集体的"那天开始的，也是她从宣布自己"不是一个自由人了"开始的。

为什么有人怕群众？旧官僚和群众根本对立。新社会中不能真正与群众相结合的人，也会变成怕群众。

什么是集体领导？这一点也异于旧社会。集体领导是新社会所特有的。真正的集体领导，就是走群众路线的结果。

群众路线被称为路线，因为它是群众社会活动（集体活动）最高的升华和概括。这种活动不再为某个人所有，或是为某个阶层所有，而是为了全体劳动人民，为了每一个人。所以，善于执行群众路线的人，他不是坐在主人的宝座上，而是变成了真正具有民主意识的仆人。应该说群众路线没有排他性，它是一个整体。它是整个新社会，新社会是一个新的集体。

新的集体改变了过去的人际关系。现在是个人和集体的关系。它不否定个人，但更注重集体。他们有一个共同追求和目标，当时的口号是：抗战高于一切。为了这个口号，人们必须行动起来，必须组织起来。这是新的集体所要求的。

它也有最高纲领：取消一切剥削制度，实现共产主义。在行动中必须遵循"从群众中来,到群众中去"。这是一个简短的道理,又是那么富有魅力。这是群众路线的精髓。它像一个生物机体中血液循环那样,永远在"从群众中来,到群众中去"这样循环着,才使这个机体获得行动的活力,这种行动又是永不歇止的。

像丁玲说的:"有了群众路线,才有集体领导。"

也像丁玲告诫的:"不要害怕群众。"

群众路线是进入新社会的一把金钥匙,它有广阔的天地,又有金色的果实。

一切都如此单纯,简单,却又如此神圣。

一切真理都是如此单纯,简单,但是当时却又像婴儿学步那样,每一个人都必须完成这份人生作业。一个人每天走路,但是婴儿生下来不会走路,必须从头学起。世上不少没有脊梁骨的人,他一辈子不会走路。正像(20世纪)80年代新社会中,也有不会走群众路线的人。

丁玲提出的不要怕群众,走群众路线,实行集体领导,其深刻含义在此。

四

但是,真正的考验还在前面,就是那个冀村之夜。

当时,统一战线这个口号还是一个新的课题。它引起过严重的争论,又有不少误解,甚至抗拒。《五大洲的帽子》中的武刚,就是统一战线的顽固派,他是不肯摘掉五大洲帽徽的老红军之一。后来,虽然摘掉了,他仍然把它珍藏起来,偷偷地放在一个小衣包里,不叫任何人知道,如同把一个宝贝东西藏在自己心窝里那样。

武刚看不惯团里那些知识分子,虽然这些人多才多艺,个个都是宣传能手,可是他和他们常常发生摩擦。西战团在工作上也需要开创和革新,首先他们遇见了大众化的问题。无论陕西、山西,村村有戏台，这是封建社会给老百姓留下来的天然宣传讲坛，团员们又有泉涌一般的抗战热情，但是如何使它为千万老百姓所接受，就面临着向自己的挑战：普及和提高。先普及，在普及的基础上提高。什么叫群众观点？能为群众接受的就是。什么叫全心全意？放弃一切顾虑，走向大众化，利用一切旧形式，大鼓、快板、双簧、相声、活报剧……目的只有一个，向广大群众宣传抗战救国的大道理。

他们过黄河之前，第一站到甘谷驿，在城隍庙戏台上演出了"打倒日本升平舞"。这舞由群众舞蹈改编而来，群众看后像着了魔似的，一直跟在西战团后面，不肯离开。

西战团过了黄河，已是山西省地界。他们经隰县、蒲县，来到临汾。

迎接西战团的是一些他们意想不到的新鲜事物。丁玲的文章这样记载着："临汾驻了一团新兵，团长颇有改良军队的决心。"临汾还有十几个新成立的群众团体，他们也一齐来了。"有来谈军队工作的。""有来商量学生风潮的。""也有如何征集自卫队的问题。""最多的是询问抗战的前途。""一群航空员也来了。"……

原来"临汾中学游行示威，驱逐不抗日的校长，校长请了武装在学校里镇压"。

还有，"这是一些工兵，他们不懂统一战线，但他们懂得要打日本"。

当时，什么是统一战线，谁也不大懂得。延安抗日军政大学不管军事队还是政治队，都设立了统一战线这门新课。这是一种新形势，一种敌我关系的转化。从前国民党是敌人，现在要联合起来抗日了。又如拿枪的日本鬼子是敌人，当了俘虏却不同了。过去同是一个地主，今天如果他们愿意抗日，也可以联合了。何况又有开明绅士、民族资本家的出现。在"土改"中，为了孤立地富，把富裕中农分化出来了。后来，统一战线也常常变化，什么爱国不分前后，等等。对统一战线不但要有清醒的认识，还要在实践中使它越扩大越巩固越好。

但是丁玲从来没有想到他们在临汾所经历的那些事变，也统统包括在统一战线之内。如驱逐不抗日的校长，这是为了扩大统一战线。扩大自卫队，这是为了巩固统一战线。她更没有想到冀村之夜也是一场对统一战线的考验。

当时，同行的东北游击队与国民党溃兵接触之后，拟订了两个解决方案。一种是积极的，即扶持、帮助、友好相处，这当然对抗战和统一战线有利。另一种是消极的，针锋相对，理由是他们掠夺老百姓，应该惩罚他们。如不缴械，他们还可能继续掠夺下去。这两种方案似乎都有道理，丁玲坚持第一种。可是事件的发展往往不以人的意志为转移，结果，国民党溃兵连长被扣，激起士兵的对立，要求释放连长……本来可以和平解决的事，现在剑拔弩张，千钧一发。这时由于丁玲的坚持和介入，她冒着风险，勇敢地走向前去，与溃兵面对面进行教育说服，方使事件向着积极方面转化。

这是统一战线深入的一课。当时，太原、榆次，危在旦夕。国民党军在溃退，群众处在水深火热之中，敌友力量的变化十分激烈。整个局势像一只火药桶，任何一颗火星都可以爆发起来，而西战团不过是一个文化团体，人数不多，枪支有限，丁玲的知名度也许发挥了一点作用，但主要是这些溃军他们在范村就听说七里之外的冀村，驻了一个八路军的司令部和一个"团"，自然这个司令部的内容和这个"团"的内容，他们是不明白的。

这个团，当然就是丁玲领导的西战团了。

可是当丁玲一个人向范村前进时，那种临战状态，丁玲显示了一个英武的战士形象。

不，在这一切十分尖锐复杂又不十分明了的情况下，丁玲坚持着高度的统一战线的决断，无疑她又具有将军的风度了。

1991年7月25日

在窑洞里

四十几年前，我第一次看见窑洞。它朴实无华，冬暖夏凉。我也是这个时期参加新的集体生活的，有很多类似的感受，一时又说不出来。

我工作的单位——延安文化协会，没有一间房屋，只有窑洞。别的机关，也是如此。还是先从窑洞说起吧。

窑洞小，住一个人，或两个人。只有吃饭时，才集合在一个大窑洞里。这个窑洞又是厨房又是食堂，少数人围着锅台、面案，背靠背站着。还是窑外的人多，都散开了，他们端着海碗，避开风口，又晒着太阳。每逢开饭的时候，崄畔上烟囱的烟不见了，整个窑洞变成一个大喷气口，往外喷大股大股的蒸气，每人的菜碗里也喷着一股股香气。机关每星期都改善一次伙食，少不了肉熬粉条子、菠菜汤。菠菜又叫富贵菜，穷人嫌它，富人爱它。它身份不高，偏偏又绿又鲜。白面馒头和大米饭，当时少见，但四十多年来使我至今难忘的还是那一日三餐的小米饭。它的营养成分优等，它的香味也在一切谷类之上。

我们一共两个大窑洞。另一个是救亡室。救亡室不但大，地点也适中。它又有两个"跨窑"，像一张面孔上的两只耳朵。一个跨窑由主持会务的主任住着，另一个跨窑是图书室。每个机关都有图书室，这里的图书自然多些，图书室由一位历史研究者兼管。凡要到图书室和主任住处的，都得经过救亡室。救亡室有一个大木案子，不下于一张乒乓球台，只是台面过分粗糙，即使不粗糙，那时一颗乒乓球也等于今天天空上的卫星。

大案子周围坐过不少人。全机关的人都能坐下。他们听文件传达或开生活会。救亡室没有不通过民主生活而达到救亡目的的。各种节日在这里进行集体活动。有人结婚的话，总是把个人的快乐掺和在集体的欢庆之中。救亡室在各个方面都发挥它的最大作用。

一

在这个集体里，有不少"哲学家"，有的出名，有的是"业余爱好"者。比如经管事务工作的有两个人，一个是贵州苗族人，另一个是哲学研究者。二人形象各异，贵州人额宽脸大，走路上山他的身躯也像是横起来，声音高，句子又短，常常说些半生不熟的话："没听（说）第一次。""我讲你们听。""没说啦！""你来先（你先来）。""两毛五钱。""味道的狠。"这些话多半是争论性的，别人都懂，也不觉得有什么毛病。只是这一点，多么像是一家人。这个贵州人和那个哲学家工作上有分工，但又常常争吵。一个声大，气粗；一个声细，屈从。两个人工作方法也不一样，哲学家天天晚上挨着窑洞喊："发蜡啦！"贵州人准不这样，当哲学家不在时，他会把蜡烛挨着窑洞送去。

贵州人脸膛光润，像用桐油擦过一样。哲学家皮肤白，毛发重，有一双闪烁不定的眼睛。他曾为了好好进行研究，请求做收发工作。大家觉得收发工作圈子太小，不易发挥他的专长。他似乎健忘，又有些琐碎，可是，他把学术研究和处世哲学严格分开，平时，宽大为怀，抱着息事宁人的态度。一次，他牵了两匹牲口去领面粉。粮库既无树，又无柱子。为了防止牲口走失，他只好把两匹牲口的缰绳拴在一起，他想这是解决矛盾最好的办法。但事与愿违，不久这头驴子和那头骡子打起架来，而且打得不可开交。

又一次，我听到一位女同志同哲学家闲谈。这位年轻的画家的妻子穿一件宽大衣衫，坐在一只小板凳上，一边捻着毛线，一边细声细气地说："这话应该这样讲：我有一元钱，给他五毛，这是把一半分给他了，可是他还嫌少。五毛钱数目的确不大。又假如，另一个人身上有一百元，给我十元，十元不过是他的十分之一，在他不算多，对我来说却很有用。你懂得我的意思吗？把话说回来，还是刚才那句话：我的感情是有限度的。"

她最后一句话有些让人费解，也许我记不准确了。为什么她不说"一个人"，而是说"我"。这是有所指，还是泛泛而论？为什么她要这么说，这场谈话又是怎么引起来的？他们之间相知不多，为什么又谈得这么深？两个人对比起来又多么可笑。一个未老先衰，两只脚不停地倒换着，出于习惯，又用右手食指在左手背指缝中间不住地搓，而另一个，有着姣好的隐在侧影中的笑容，毛线捻得熟练，她的神态又那么平静，仿佛可以把她说不完的议论一起捻进毛线里……

二

记忆离不开印象。印象又像是一幅画，它在各种颜色和线条之间，总有一个光点，由于这个光点，它照亮了一切。

上面那位女"哲学家"（业余爱好者），她的生活的光点不是思索，而是行动，是一次又是羞怯又是妩媚的爱情告白。她家居苏杭，又是闺中少女，抗战一声炮响，她家接待了一位流亡的穷画家。这位画家行动诡秘，笑声朗朗，又是多么会糟蹋生活！他长头发不洗，褐色衬衣一穿半个月。她从心底爱怜他，一次又一次暗中关心他，由不露声色，直到互通心曲……她由大后方来到延安，现在她坐在窑洞前面，一件宽衣衫罩住膝盖，连小板凳也不见，因而也巧妙地掩住了她那妩媚的身孕。少女的大胆和少妇的羞怯结合起来，才会这么动人。

下面又是一个流亡中发生的可歌可泣的故事。

我同老白在北平相识,一同流亡,又几乎一同来到延安,少不了还要一起到前方去。当时我和他在天津码头分手。我到了南京,他在郑州东站停下来了。

他赤脚坐在月台上。他望着一列列载着流亡学生的列车开来又开走。有敞篷的,有平板的,有的又淋过雨。他有不少熟人,因为他是"一二·九"积极分子。他遇见熟人就问:"你怎么不带我的爱人一块来?"他的神色忧伤,一双饥饿的眼睛,心里想着的只有这件事。他失落了她,她该来。他盼着她来。他想她会自己来,或者战友带她一起来。他等了又等,仿佛有约,而她屡次失约,但他又相信她会来。他这样问时,没有一个人能回答他。他未因此失望,遇人就问。他这样一直问下去,等下去,脸上的忧伤越来越深……忽然有人仅问一句:"你把她的地址给我了吗?"他想了想:他没有把地址给任何人,他也没有请人带她来,甚至还没有人知道他有爱人……他不再问了,才死了心,直奔延安。

三

从各自不同的经历中,我仿佛觉得各省交界的人坚强些,特点多些。不论男女都是一样。

每个星期天,主任的窑里会有不少客人。其中之一叫亚男,但这是一个女孩子。双眼皮,大眼睛,却被沙眼害苦了。笑起来怪天真的,脸上又有一些细小的皱纹。她的年龄,在女孩子中间算是大的,她常常又是一个孩子王。她爱同孩子一起玩,在大人中间沉默的时间居多,这不是羞怯,只是为了更好地观察人。她脱下皮衣时,有一副很窈窕的身材,但她的行动,又常常露出男性化的洒脱,显得更加可爱。

她的家正好在湖南和湖北交界的地方。小县城里有国民党的县党部,也有共产党的各种协会。农民协会和妇女协会最有权威,常常游行,游行时大人小孩一律参加,何况她的母亲又是妇女协会的主任。在此路过的队伍也多,有南军,有北军,有张发奎的队伍,也有贺龙的队伍。有一次近邻的男人夜里被杀,开会时,大家莫衷一是,争议不休,谁也做不了结论。忽然有人说:"那是贺龙杀的。"大家这才一致嚷起来:"贺龙杀的,莫说的,该杀,该杀。"就在第二天夜里,街上一阵混乱,家家被抄,一起喊逃命。她这个破落家庭四分五散,她也由此走上了革命道路。

四

我同窑洞的友人,在一本题词簿上写过这样一句话:"让爱你的人像爱太阳;让恨你的人毁灭你——谁能毁灭太阳?"

因此我断定他原来的名字绝不是现在这两个字。他因为爱太阳,才改名叫高阳的。

他刚从苏州监狱出来,大概住了不少年,经过监狱的人没有不爱太阳的。

出了监狱,他到过内蒙古。爱太阳也爱沙漠。直到现在,他还天天唱着沙漠的歌。他把沙漠比作海洋,把骆驼比作沙漠海洋里的帆舟。

他身上留下的印记,多少也和太阳有关。他的红脸像太阳,监狱生活给他带来了两只火眼。他厌恶黑暗,因为更爱太阳。

有一次我们在印刷厂开座谈会,会上有人提出生活平凡,写不出好作品,丁玲的回答,使全体大笑起来。高阳继续写道:"太阳正停在我们头上,似乎要细细地看,谁正在笑了?为什么呢?如果把这种情况拍在镜头里,登在《解放日报》上,下面并题'延安印刷厂文艺小组座谈会'，想想还有比这更真实、更有力，而且可能夸耀的证据吗？而且一定会引起那些还在为资本家劳动的工人兄弟的日夜迷恋的梦想。"

他的文字是明确的。

他喜爱手杖。手杖从不离手。他走路不快，我想这是长期戴脚镣的习惯妨碍了他，他腿脚强壮，并不需要手杖帮助。手杖似乎是他心目中的武器。他的自由曾被严重地侵犯过，他需要任何武器。

他冬夏一身皮袄。光板的，过膝的，原来的白色现在已变成浅灰了。冬天里面只穿一件棉背心，皮袄外面扎上一根皮带。夏天也很少离开这件皮袄，穿得随便些，敞开怀，里面一件洗薄了的军衣衫，或者连这衣衫也敞着扣子。高原地带早晚温差大，即使在中午，皮袄也可隔开恼人的燠热。是否真的如此，我就不敢说了。

他恋爱过，不管是不是胜利者，他为自己的追求而骄傲。有一次他对我说："我同她，你知道她指的谁，我责备她，我疑心她在玩弄感情，我夺回我给她的信。她很冷静，笑了一下说：'真的把信拿回去吗？'我说：'我不能把信放在一个……'我没有说下去，因为我并不认为她对我不好，她也是这样回答的：'可是，这些信多么值得纪念哪！'因此我把这些信留下了，我把我的心也留下了。你笑什么？这是没有结果的恋爱吗？将来看吧！……"

五

一位诗人本来是学画的，因为他坐过牢，在牢中不能画画却可以偷偷地写诗，他就变成诗人了。

这位诗人在巴黎认识了一位散文家。两个人在街上走，也许是秋天，梧桐树落叶了，诗人吹口哨，调子轻松；但他一吹，显得凄凉。

在十分钟之前，两个人还不认识，都坐在一个饭馆里，各自一方。当时散文家身无分文,一边吃饭一边等待一个带饭票的同学。饭快吃完了,同学还没有来。饭店要关门了,同学还不来。这时诗人从另一个角落走来,替他付了饭票,出了门又给他十张饭票和五十法郎。原来诗人在巴比塞的《世界》周刊社主办的集会上见过这位散文家。

  散文家十分感激诗人。从此两个人开始了友谊的交往,诗人引导散文家迈入艺术之宫,散文家也带诗人扩大交游。诗人先回国,散文家1932年秋天也回国了。

  这是开头,回国后又有了历史性的发展。

  散文家回国就给诗人写信,很久没有回信。后来知道这位诗人:"我在坐监狱(诗人)。"散文家前去探监,又不是探监的日子,真急死人。他甚至准备殴打门岗被捕后,一起和诗人关起来。这段时间里,他们通了不少信。我要说的一件历史事件就是此时发生的。

  散文家回忆说:"诗人要移解到别处去了,设法把他的诗稿交给我。我估计他要被关死的,当他的遗作保存着。庄启东、方土人要编《春光》,问我要稿,我把'遗作'拿给他们——他们发了一首长的,这就是有名的《大堰河——我的保姆》。传到日本,轰动一时,有人读了落泪,有人译成日文。国内呢,茅盾先生赞扬了这首诗。"

  据庄启东的回忆,他和方土人办的这个杂志,只办了三期,1934年3月1日创刊,5月1日出了第三期也就寿终正寝了;但它的来头不小。5月11日,鲁迅先生致王志之的信中说:"这里出了一种杂志《春光》,并不怎么好——也不敢好,不准好——销数却还不错,但大约未必长久。"这个杂志的确有它的特点,发了两篇有分量的评论:一是《论朱湘》,二是《论巴尔扎克》;进行了一次影响较大的"中国目前为什么没有伟大的作品产生"的讨论,又对刚在文坛出现的吴组缃的《天下太平》给予热情的肯定。最后一件大事,庄启东回忆说:"……他那种朴素浑厚、形象鲜明、感情深挚含蓄而又略带忧郁的诗风,一下子把我们吸引住了。《春光》第一期上,我们发表了他的《监房之夜》《叫喊》《Orange》等三首诗;第二期发表了他的《聆听》;特别是第三期上发表的《大堰河——我的保姆》这首长诗,是为诗人赢得声誉的名作,发表后很多读者曾来信称赞这首好诗。"5月底,《春光》就被国民党查封了。它也完成了自己的历史任务。

抗战期间庄启东也到延安来了,他同诗人和散文家都住在一排窑洞里。

庄启东也坐过监牢。他出狱那天,父亲一个人到东站接他。父子五年没见面了,老父真的老了,他,在灯光下静立着,没有移动脚步,也没有开口,只是两眼朝前直视。庄启东走近说:"我们走吧!"老父凝视着火车,却说:"不,我等一个人!"儿子又说:"我来啦,我们回家吧!"老父仍在不住地说:"我等一个人,我等启东。"一直到火车开了,儿子又说:"你等的,我就是启东啊!"老父举起一只手掌,这才恍然大悟:"噢,你就是启东……我等的是你……"现在,老父早已去世了,庄启东带到延安来的是他的母亲、妻子。

散文家这时仍然独身,前几天游水碰掉一颗牙齿,长发常常落在面颊上,鼻子显得更高了。他说话声十分柔和,又爱以老大哥自居,所以有人说他像一位老姑母那么孤傲严厉。他同诗人的友情,此时得到更好的发展。散文家常常是晚上到诗人的窑洞来,又谈得很晚。自然,窑洞外边,天是黑的,崄畔和草丛也是黑洞洞的,洞口的地面不平,又有些不整齐的土阶梯,先是诗人的声音:"你慢慢走哇!"散文家不以为然地:"不要紧,再黑点我也能走。"诗人又情意绵绵:"太迟了,不就住下吧!"散文家仍在坚持着,又一面回答说:"还是回去吧!"诗人又继续说下去:"真的太迟了,要不把电筒拿去吧?"散文家把调子拖得更长:"这样的好天气,就是刮风也可以走。"散文家显然在摸索前进,更加吃力了,诗人在后面一次又一次嘟囔着:"哎,天这么黑,这么黑……"散文家一贯喜欢辩驳,调子更尖厉地:"看得见的，我的眼睛好……"这样的告别话，要延续多久呢？他们的窑洞相隔不远，只是黑暗使它们隔远了，天真的这么黑，声音可传得很远呢。刚才，他们在窑洞里谈了些什么呢？夜是够长的，巴黎的回忆也是够长的，可以说了又说。不，可能诗人又有了什么新的诗作……

六

我们的支部书记师田手，北大学生，当年是一二·九运动的一员猛将。其实他这人斯文得很，说话走路都是慢吞吞的。他走进窑洞，脚步轻轻的，有时把人吓一跳。他说话从来不急，抑扬顿挫十分自然，又常常诙谐几句，自己脸上也挂上笑容，然后沉默起来，沉默时脸上笑容也长久不散。

他有一种自己认为不平常的病，至少"阿米巴"这个名字，当时很少有人知道。开会中间，他会悄悄同人谈道："你知道某人的父亲也有这种病，说是用桑叶冬青治好的。"这里华侨不多，他遇到每个华侨都会提出："你能从外面给我买一种药，我的病是……"

那年开展生产劳动，支部做过研究和计划，按规定十五岁以下的和女同志只参加轻劳动。全机关二十三人，参加重劳动的十八人。师田手在支部会上提出有病的也不参加重劳动。开始那天，当生产委员宣布师田手身体不好，有病，也参加轻劳动时，他靠着斜坡坐着，立刻说："我不愿参加轻劳动，还是参加重劳动。"当时工具少，一开始只是送粪和翻地，轻重两个组的形式很快就不存在了。周文同志在《生产日记》中有一段生产场面的描述："……望着山下正在化雪的广大平地，望着带子似的闪光的延河，望着环绕着广大平地的连绵不绝的土山，望着许多山头一队队卷入春耕浪潮的阴影，望着那些山腰里无数投身抗战事业的同志居住的无数排窑洞，望着蔚蓝的天，望着红色的太阳，我们唱着歌，胸怀感到无边的广阔和浩荡……"

现在回想起来，四十几年过去了。今年我有机会去大连，在干部疗养院里又看见了师田手同志。当时是在晚上，院里灯光幽暗，门洞也有些漆黑，但宽敞的楼梯上铺着绒毯，房间的门敞着，桌上有一沓报纸和不多的书，灯光告诉我不会走得太远，原来他在隔壁看电视。他走出来，脚步仍是轻轻的，见了面，我又看见了熟悉的笑容，甚至他的手势也未变，扬起来做出让我先走的姿态，然后我们一起走回他的房间。坐下来，他仍沉默着，脸上笑容不变。我忽然疑惑起来，就问："你认识我吗？"他仍然笑着，但是摇他的头，眼光漠然而又疑惑……我们面对面地足足沉默了十几分钟。我在灯光下，尽我的力量用各种姿势企图引起他的回忆，难道他真的忘了延安，忘了那一段学习和生产的生活？我快要失望了，几乎断定他只是一个保养很好的有严重疾病的人。我准备离去了，又走近他，拿起他的手掌，用我的手指在他掌心中写出我的名字。忽然，他的笑容变了，他的眼睛也唤回了生命。他记起来了，站起来，拉着我的手，像大人对孩子那样抚着我的头顶，哇哇啦啦说个不停。他的回忆复活了，那些不连贯的语意不清的单字，流露出他的感情……他又认识我了，我们又认识了，我们又一次生活在延安了……

1985年

往事不容空白

每个人都从过去的岁月中走来。

岁月陈旧了，记忆总是清新的。

上 篇

一、小城

这是大西北的一座小小的塞外古城。我爱着这座古城。这里有许许多多事物，把我和这座山城系起来了。

我爱听算盘珠响，这里每个店铺都有算盘。我爱打铁炉，这里的风箱和砧声十分入耳。我在延安学会了用布条打草鞋，这里的人穿山地鞋又伴着驼铃声，显得更加幽雅。我爱老街，这里一条老街似乎比哪里都老。

这个古城，这条老街最为难忘。

老街不太长，也不太陡。它南边抵住城墙根，那里有不少大院。北面是山坡，山坡上耸立着最高学府绥德师范中学，学校旁边的山尖上是那座有名的扶苏①祠。扶苏祠前有一块小小坡地，坡地上是一片

---

① 扶苏：秦始皇之子。公元前210年与大将蒙恬于此同为秦二世所杀。

疏疏落落的灌木林。

西南角是古城的水门。有摩崖石刻,有古栈道,有一条清清的小理河绕城而过。到了夏天,全城妇女穿上百褶裙和木底鞋,来到溪边洗濯。这里变成一片花海,又是一片嬉笑声。隔河高大的蒙恬①墓,这时也开颜而笑了。墓上少得可怜的青草,随着笑声一波一波地荡漾着。这是夏天一度不可多得的景观。

至于冬天,因为这里多的是煤炭,每家每户都是暖烘烘的。到了元宵节这一天,在那条老街的十字路口,用大块煤炭架起一堆篝火,足有两丈多高,把一轮圆月托得又高又远,又是那么朦朦胧胧的。青石板路像是一条地火龙,全城湮没在温暖欢乐之中。

我来这里正赶上一个元宵节。

这座古城叫绥德,走出城门一条大川直达米脂。"米脂的婆姨绥德汉",指的就是这里。

我又是怎么由延安来到这里的呢?这已是几十年前的事了。

1942年3月,我和魏伯、庄启东三家人由延安搬到绥德来了。延安离绥德三百里,足足走了三天。

庄启东是左联老战士,(20世纪)30年代在上海创办《春光》杂志,发表了艾青的第一首诗。魏伯是一二·九运动学生领袖之一,抗战后在河南家乡打游击,继又参加第二战区文工团。当时我们三人都在延安文艺界抗敌协会延安分会。"文抗"内集聚了不少全国知名的文化界人士。"文抗"和延安任何机关一样,因战事原因有聚有散,又常聚常散。比如"文抗"先后派出抗战文艺工作团三组人马,奔赴各抗日前线。也有人常常随着剧团下乡。人不断来来往往,像流动的兵营,不过那都是短时期的。这次,我同魏伯、庄启东都是正式由中共中央办公厅开出介绍信,长期到绥德一带下乡体验生活的。不久,

---

① 蒙恬:自祖父起世代为秦名将,秦并天下后,率三十万大军守边并筑长城。据说他死后将士们含泪用武器掘土堆起此墓。

柳青和师田手也来了。

绥德警备区是陕甘宁边区北面一个专区,直辖好几个县,地委书记习仲勋,专员曹力如,司令员是王震将军。它北面对着榆林这个国民党的据点,东边黄河对岸常常传来抗战的炮声。这时警备区正在开展减租减息运动,我们这些人参加工作队,走遍了米脂、吴堡各县。

米脂、吴堡流传着那么多刘志丹和谢子长的传说。几乎每个乡村都有自己的"闹红"的故事,每个故事都像是一篇神话。神话的产生莫不如此。一旦梦想达到了,把喜悦之情全部寄托在英雄人物身上。今天为了抗日这个口号,在这里成立了"三三制"政权,实行"二五减租"。几个有名的财主村子依然存在,米脂县政权因面对榆林也只以县务委员会形式出现。不久,魏伯担任了米脂县县务委员一职,庄启东也去米脂县最大的财主村子杨家沟任副区长。这时张闻天同志也在杨家沟做调查研究工作。我和庄启东为了深入基层,不久又双双调到绥德县义合镇两个乡做乡文书工作。

我所在的乡叫党家沟,乡长李树祥是一个"土地革命"时期的老干部。因党组织尚未公开,一切活动都在夜间(地下)进行。我和李树祥爬遍了那条沟的崄崄畔畔,有时会惹得狗叫连天。开会的地点是秘密的,还在窗上蒙上一层被子,为的不走漏一丝风声。

我在中农赵家吃派饭,正是割麦时节,他的几个儿子都是好劳力,中午送饭到地头上,晚上回来常常是一大盆土豆茄子熬倭瓜。听说每房媳妇每年分一些棉花,自纺自织。农忙时夫妇不得同房,吃罢晚饭,老爷子就喊:"快休息咯,明天还要起早。"

党家沟在一条小岔沟里,离区政府义合镇十几里路。义合镇是直达黄河柳林的大镇,区长叫丁汾,是延安"女大"派下来的妇女工作团成员,她就任伊始分发县府送来的公章,一大堆公章很好看,她竟爱不释手捏住一个说:"这个好看,区政府就要这个吧!"惹得大家大笑,笑她忘记了公章早刻好了各乡的名字,它是挑不得的。

区政府原是一个寺观建筑,它高居陡崖之上,门前那几十层青砖台阶十分壮观。那年春旱,乡长李树祥正准备带领一支祈雨乡民,在区政府前面广场上大做法场。乡干部到县上开会,都是先在区政府门口集合,再走四十里路进城。

这一次,又叫乡干部进城开会了。

二、七千人和一个

这一次会,不比从前,开了个七千人的大会①。

上一次开什么会,我已忘记了。只记得正在发夏衣。这两年的军装都是由国民党那里给八路军发下来的。一年比一年差,棉绒粗得像麻袋,裤子也变成中国式的大裆裤。我曾试着把大裆裤改成西式裤,因要改装还需换一条更大号的裤子,只好作罢。在边区打草鞋和纺线已不算什么稀奇,但还很少有人把中式裤子改成西式裤的。

这次七千人大会,由各乡各镇来了不少人。

露天会场设在扶苏祠的山坡上,最为理想。因为扶苏祠前有一块慢坡地,其中还有不多的树木,除此之外在这城里再也找不出可以搭一个大台子和容纳七千人的地方了。

头一次开这么大的会,谁都觉得新鲜。临时搭成的主席台,大幅的横标,还有黑压压的人群。我坐在群众中间,心里想,这可能是反奸大会,又像是审判大会。因为前些日子早已传来延安开始整风,又搞什么"抢救运动"②,怕是一阵风刮到绥德来了。但我又觉得这一切与我无关。纵然是暴风骤雨,我坐在大树底下又怕什么。忽然口号声乍起:"押上来!""押上来!"我又听见喊我的名字。不容我想为什么

---

① 此事应是在1943年。"抢救运动"发生在1943年4、5月,7月是高峰。

② 在延安整风运动中,一度搞起了"抢救失足者运动",搞过火斗争,造成大量冤假错案,后很快由中央纠正。

喊我的名字，我的膀臂已被揪住，又拖我向主席台走去。几个人在后边挟持着，拥簇着，我的两条腿又像失去了知觉，跟随着他们挤过人群中的甬道，向前走去。这时我两目茫然，什么也看不见。群众呼声中夹杂着"汉奸""特务"等字眼儿。这些字眼儿，我使用过，是我向那些不齿于人类的狗彘掷去过，现在由群众口中向我身上投来了，它像一颗颗重炮弹，在我身旁造成旋涡。我向下沉去，又在本能地向上挣扎。头脑发木，似乎又十分清醒。在这走向主席台的一刹那，我在心里又抗议，又辩解："怎么是我呢？怎么可能是我呢？"在我一生中，有多少经历可以证明我绝对不是。我生在鸭绿江边，隔岸就是亡国的朝鲜。我生下来就知道南满车站是日租界。我在二道桥子抵制日货。"九一八"那天日本兵闯进了我在沈阳的学校，搜查时学生们在机关枪下待了六个钟头。学校进关，"一·二八"组成抗日义勇军，我又奔向上海浏河口前线。七七事变之后，我又来到延安，又去过冀中军区前线……在这一代青年中间，不是大家都走着这条正义、光荣的路吗？

我不知道我怎样走上主席台的。现在，我站在台上，面对着广大群众，我说什么呢？群众提出了那么严重的问题，显然需要回答，但我又怎样回答呢？最简便了当的办法，我声明我不是，但群众一定不满意，又会挑剔我态度不好，再掷来一顶"对抗组织、反对群众"的帽子。我站在台上只觉得时间似乎停止了，心脏也似乎不再跳动了。我张开嘴要喊什么又未能喊出来，我这个人似乎也不存在了。但我又意识到台下七千个群众都盯视着我，又在等待我的回答。我不觉得这是耻辱，只觉得这是无以名状的委屈。它又刻不容缓，我急得像溺水中喘最后一口气，喘不上这口气我就会死去。毕竟——毕竟我喊出来了。我仅仅喊出了五个字。这五个字冲口而出，像枪弹一样，它似乎没有经过头脑，也没有经过任何斟酌，但它又那么切中命题，它又那么合乎我的心意。这五个字是"打—回—老—家—去"。这五个字一定伴着什么手势，但是什么手势，我想不起来了，也来不及想了。

这五个字它是这样有力量。在过去的游行队伍中，我无数次举起拳头喊过它。它本身就是一句极其响亮的抗战口号，它是抗战中最动人心弦的一句口号，它又是只有东北人才会如此动情喊出来的一句口号。这五个字，此时对我来说，它的潜台词意义十分重大：我是东北人，怎会当汉奸呢？今天全民抗战，东北人又怎么会是特务呢？东北人又怎么会是反革命呢？

这当然是我对七千人大会最好的回答。我当时为了找到这五个字，感到最大的满足。

但是对于那天七千人的大会，除了这五个字，一切我都忘记了，一切都模糊了，一切我都想不起来了。

那一天我的爱人伊苇也参加了大会，她的震惊比我大还是小，我无从知道。只是那一天她在台下全都看见了，同时她也看见了我看不到的，她听见了我没听到的。她后来告诉我在一片喊声中，"枪毙雷加"这句话最为可怕，也最为响亮，何况那又是由几个熟人喊出来的。当场揭发问题的人，倒也有几个，只是没有什么大问题。居然一位女同志提出尖锐的质问："问问雷加，他为什么和别人换裤子？"这是指我为了号大号小和别人换过裤子那件事。如果这位女同志再当场挥舞着我那条裤子纠缠下去，那倒可能闹出大笑话了。

至于后来如何散会，又如何把我押进一间空空荡荡的大窑洞，我像一个失去记忆的人，什么也不记得了。那天主席台上的经历对我来说无疑是晴天一个霹雳，我的神经震得麻木了，顿时失去了自我。我对我自己什么也不存在了。群众已经不承认我的过去，另一方面我又无法接受群众提出来的我的那个"未来"。我失去了一切空间和时间。我也不知道现在我在哪里，将来又在哪里。仿佛我蒙着眼睛走进了一条死胡同，又从地球上消失了。

我是一只疲倦的猫，连我刻着时间亮度的眼睛也闭上了。真是这样吗？我的灵魂深处又叫着：我该是一个强者。这一夜我醒着又像是做梦，梦中又像是醒着。

天蒙蒙亮，窗外响起一片喊声。当时我不知我在哪里，我又不知窗外发生了什么事。我的窑门一下子被推开了，又重重地关上了。一个声音在说："还好，他没有跑。"接着是邻窑的开锁声，邻窑有人敲打窑门同时在喊："开门，开门！锁我干什么？"我一听知道这是我爱人的声音。锁子开了，她走出来又在质问："我不是犯人，为什么锁我？你们这是干什么？"这时我猜到这是锁错了门，应该锁我这个门却锁了她的门。但是她又是怎么住在邻窑的呢？我再一看这是一排办公窑洞。我是临时寄押在这里的，我的爱人因刚从乡下来，也只好临时寄住在这里。因为两个窑洞紧挨着，所以一时锁错了。这是一场误会。其实误会也没关系。虽然，该锁的没有锁，可是人没有逃跑，不该锁的虽然锁了一夜，这也是白锁，她并未因此戴上一顶什么帽子。

这个误会其实不大，却耐人寻味。如果看管犯人的人怕我们两人夜间幽会，他也是够聪明的，也做到家了。真的只有一把锁就够了，不论锁在哪个门上，反正有一扇门相隔，两个人见不了面也就幽会不成了。

不过这把锁也表示了我与妻子的隔离，与全世界的隔离。我被当作犯人关在城外一个叫白家沟的监狱里了，与外界根本音信不通了。

三、和"死号"在一起

此后几个月，我过的是罪犯的生活。

凡是罪犯都得有供认不讳的犯罪条款。我什么也没有，心里敞敞亮亮，甚至我想不出来故意踩死过蚂蚁。但是一喊我的番号提审一次，或者叫我写一次交代材料，我又意识到我是一个该死的"罪犯"了。

白家沟其实不能叫作沟，因为它没有后沟可言，是一条死沟。只能算是一个山窝,本地人叫山瓜瓜,但它又不够宽大。既是一个山瓜瓜,周围挖上窑洞,后山坡又高高的,没有一个出口,只要在四周高坡上修上几个岗楼,犯人想逃也是插翅难飞的。

凡是犯人,都是先编号后剃头。说起剃头,大概是第二天下午的事,太阳照在山坡上暖暖的,摆上一只木凳子,然后喊着我的名字,叫我坐下。我没有看给我理发的人,他似乎也没有看我。我的长头发早该理了,想不到这里这么周到,第二天就会轮到我。我只觉得有五根手指按在我的头上,于是一簇头发落在我的脚前。我的头上像是开出了一条壕沟,一阵冷风就从这里一直灌进我的灵魂。这时,我再也不能不承认我有小资产阶级意识了,它竟在光天化日之下完全暴露出来了。这时,我倒是想反抗,想提出抗议,我想向一切人质问:你们有什么权力不征求我的意见,就把我的头发剪下来?但是我又一动未动,我呆住了。我知道反抗是无用的,剪与不剪这是意识形态的斗争,也是权力的斗争。我不能加以任何反抗,这就证明我是一个真正的罪犯了。

我的秃头使我变成了真正的罪犯,我又在秃头上戴上了一顶有罪犯标志的帽子。那是一条白毛巾,因为我不得不用毛巾把秃头包起来。毛巾包头在西北一带大致有两种方法。一种是把毛巾蒙在头上,在后脑勺把毛巾两角系起来。我不喜欢这一种。在延安和陕北不是这样的,他们把毛巾先兜在后脑勺上,然后再在脑门前面打个结。这样,毛巾的两角朝前翘起,像是羊的两只角,煞是好看。我喜欢这一种。此后我头上始终包着这块羊角式的毛巾了。这也表明我是一名真正的罪犯了。

我和一个抢劫强奸犯关在一起。他也刚剃过头。我的头像白果,他的头像是青皮萝卜。他的头顶尖些,脖子也长些,一只大喉核又不住地上下滚动。我们的窑洞是一个小土窑,比大路两边的避雨窑大不了多少。窑里又是半铺小炕,我和他就紧挨着睡在这铺小炕上。我们俩不大讲话，谁也不瞧谁，但又不放过对方的每个动作和每个眼神。我同他都认为自己是精于世故的人了，不要多久，似乎互相都了解个差不离了。

这个犯人的名字我没问过，这又表现出我这个知识分子的清高来了。他不大讲话，对自己的案情讳莫如深，但对自己的桃色事件却津津乐道，有如日常的吃吃喝喝那样。有一次，他打短工的时候，那是冬天，主家不在家，婆姨搂着孩子，睡在暖炕上。他半夜起来给牲口拌料，拌了料又从暖炕过，他从后身揭开被子一下子溜进婆姨的被窝里了。不用说两个人都精光光的，谁也不觉得惊奇，婆姨也不觉得什么，只是骂了一句："我早就知道你这个死脑壳会……"这种例子对他来说也许还多，但是关于暴力行为他一句不说。

他平常寡言少语，动作起来也许比我还要斯文。我们俩有一个共同嗜好，那就是吸叶子烟，这也是我和他相处之间唯一亲密的关系。

我们只有一点点黄烟叶子碎末，它撒在炕边上和黄土混在一起，谁也看不出来。至于烟具一无所有，既没有烟锅，也没有卷烟的纸片。但我们又可以随时随地吸起烟来，也就是说可以随时随地吞云吐雾过过烟瘾。这是怎么一回事呢？因为我们有一个神奇的吸烟工具，这神奇的工具应该说是他的专利发明。我真的没有想到世界上有这种吸烟的方法。后来，多少年我再也没有这样吸过烟。具体说，它有烟锅又不像烟锅，它有烟杆又不像烟杆。它拿不起来，又无法搬动，但用起来又十分方便。它摆在面前，查监的看不出来，又拿不走。这个吸烟工具真是天下少有，神奇极了。

原来，我们那半个土炕，炕沿是青砖砌成的，其中有一块青砖就是我们共用的烟锅。我们利用这块青砖的对角两个侧面，上下挖成两个小洞，并使这两个小洞相通。如此，在上面那个洞里填上烟末，一面点火一面吸气，于是一缕香烟便吸进肚里去了。

我们两个人一天之中，必有几次轮流放哨，又轮流吸烟。不需言语，也不需手势，两个人都在心领意会轮流过瘾。在这一点上，我们两个人又变成真正的难友了。

炕沿那么长，又那么大。烟锅的小孔又是那么小，又不在一条线上。一条炕沿，一支烟锅。我不这样写，读者恐怕不会相信。我这样做以前，我也不会相信的。

我们每天的生活，除了吃饭吸烟之外，就是各人靠在各人的行李卷上，或睁着眼睛或闭着眼睛沉思默想了。他是"死号"，无人过问，而我到了晚上才是我每天的开始。因为我常常被提审，又都老在晚上。我的行李卷，极其简单，只是一条薄被，一卷衣服代替枕头用，还有一条麻绳。晚饭过后，我就靠在行李卷上，瞅着那盏麻油灯，两只耳朵支起来，单等喊叫我的名字。一听见喊声，我必须很快地用麻绳把行李捆好，再扛着它走出窑洞，窑洞口早有一个荷枪的战士在等待我。他让我走在前边，他跟在我的后面，两个人向黑暗中走去。

出了窑洞一开始走下坡路，下坡路越黑越不好走。然后走出监狱大门，再走进古城的水门。水门白天是个闹市，现在晚上没有几个人，几盏街灯把带着水迹的青石板路照得乌黑发亮。照例还有几家卖碗坨的，或者还有卖驴肉和熏鸡的。这条路已经走过几回了，每一回心情都不一样，这要以上次提审的过程和结果而定。每一回我都到同一个地方去，这里是绥德地委大院。每一回还都是把我带到宣传部部长的窑洞里。地委大院我常去，这里是我以前汇报工作的地方，听报告的地方。这个大院人们进进出出，有黑板报，有宣传栏。我的顶头上司是宣传部部长，他叫李华生，听说他在白区领导共青团工作。自然年轻，但也比我大不少。他的模样文绉绉的，如果他换上一件长衫，那就像是学生领袖。他的形象使我想起在北平我的接头人江陵，我们称江陵为牛鼻子老道。这两个人怎么这么相像，不论身材、动作、说话的节奏，或是躲在镜片后面的目光。不过不同的是江陵是我的启蒙者，富于爱护和教导，他又是带头人，不论在虎头崖、南京、武汉，他都指示我的工作，并加以照顾。现在这个李华生却是站在我的对立面，向我提出各种疑问，又常常是不满足的样子。看来，过去我的工作由他领导，现在我的案子也由他来审理了。

他住在一间大窑洞里。窑洞门窗都开在窑洞前部，办公桌一般也都临着窗摆着，后半截便是住宿的地方了。他的办公桌和窗户之间空出一块地方，摆着一张藤椅，来谈话的人就坐在这里。我一进窑洞自然也就坐在这里。写字台上一盏玻璃罩子煤油灯，把后窑的床铺上的白床单也照得白晃晃的。李华生一副和善的面孔，即使是提审，他对我也是十分客气。

我每次来都带一份交代材料。我的交代材料其实是一份入党自传的再版，不过更加详细罢了。他第一次读它也许会发生兴趣。自传交代完了，后又转到创作方面。我把在边区《解放日报》上发表的自觉倾向不好的两篇文章拿出来检讨，我又把一篇《男女英雄》未完成稿交上去，请他审查。这一年5月，毛主席的《在延安文艺座谈会上的讲话》发表了，整风运动也是由此开始的。只是因为我是两个月前来到绥德，未能参加会议，也未能参加学习，现在正好补课。李华生似乎也乐于此举，但是我又看出了他期待的不是文艺补课，也不是自传的重复，而是别的什么。并且，他希望的只是我一生中某一件事，只要我能把它交代出来，一切问题都会解决的。那么，他对我正处于一种十分热切的期待之中……

四、月饼

我不知道这一天是一年一度的中秋节。

我更没有想到这一天会引发一个关于月饼的趣事。

我苦于写材料和交代材料。我苦于思索，又苦于回忆。写到后来到了搜肠刮肚的程度，自然没有乐趣可言。写多了又怕忘记，如果前后矛盾不能自圆其说，那更是自作孽不可活了。

这天，部长脸上笑容可掬，我的心也跟着宽松下来。写字台上玻璃灯那么明亮，我为它所吸引。那是一团火，也是光明所在。我把一份交代材料放在部长面前，他从来不当面看材料，总是提点什么，要我回答。有时是上次材料中的疑点，有时又像是一种暗示。他这样做的时候也是无所用心的样子。一般地说，他操纵着谈话的速度和节奏。我最怕的是谈话中断，而这又不是我所能为力的。我更怕他对我表示感兴趣，或者感到无聊和冷淡。但是，我相信我们之间还不会出现争论或是僵局。因为他任何暗示都是友好的，而我又尽可能表示愿意与他合作。

那么我同他是什么关系呢？是提审又不像提审，但所谈的总与工作和历史有关，却又不像一般工作谈话……也许后来我可能知道这一切。

今天一切照常，不，气氛更加和缓。该到结束的时候了，部长却又不想就这样结束。他在座椅上挪动一下，又迟疑了一会儿才打开写字台的抽屉。抽屉没有完全打开，他在向抽屉里张望。我看见他的镜片闪光，笑意忽然爬满了他的全脸。又稍停，他方把抽屉完全拉开，伸手进去，拿出两块月饼，放在写字台上。他的示意非常明显；但我一时又不明白，我不认为这是月饼。因为我不知道今天是中秋节，因为即或真是月饼，我又不知这两块月饼是干什么的。如果他自己用，就不必当我的面拿出来；如果是送给我，这又怎么可能？因为他是审问者，我是犯人。我们之间根本不存在这种关系。但这是两块真正的月饼，在那个年月连白面都非常金贵的时候，月饼的油酥发光的颜色，还有那上面红色的印记是那么诱人。这时我觉得我的面色由震惊而喜悦，当然我也看见他的脸上有点尴尬的笑容一闪而过，又变得一无表情，却又明白地宣示："这是人人都过的节日。这是两块月饼，你拿走。这是送给你的。"

接着是我们之间一连串的动作。

他又拉开抽屉，拿出两张雪白的报纸，他要用这两张雪白的报纸包那两块月饼……

我不让他这样做，我从我的裤口袋里掏出一块丝制手帕。我要用这丝手帕包这两块月饼……

他怀疑地望了一眼，不知道我为什么要用丝手帕包月饼，就像当初我不知道他为什么要用雪白的报纸包月饼……

我态度坚决，一定要这样做。于是把白报纸推到一旁，又把我的丝手帕摊开……

他推开丝手帕，我又推开白报纸……

想不到从丝手帕中间跳出来一个小小纸团……

这小纸团是干什么的？

部长一时不解……

我又慌愧万分……

这一切动作和过程连续如上述，现在应该在下面做出解释：

第一，月饼在世间对人应该是平等的。但是现在，它的价值在部长和我之间就不同了。对于部长它是自然的享受，对于一个罪犯来说它是最大的诱惑，也是最大的僭越妄想。部长对我如此厚爱，这是友情，还是恩赐？总之，我应该接受呢还是应该拒绝？

第二，就是那一张雪白的报纸了。它是久违之物，我已有很久没有见过它了。一切书桌上看不到它，商店里也买不到它。有的只是由河东（指山西）偷偷贩运过来一点，只供上级机关使用。边区的《解放日报》早就用马兰纸代用品在印刷了。写标语用的只是带颜色的一面光粉连纸。每个人的笔记本和日记本，差不多都是从白区带的，或自己用纸头订成的。我仅仅存有一点航空纸，我舍不得用，所以一直未用。我现在的笔记本是用旧式账簿纸订的。上面有红格，我不受红格限制，写得密密麻麻，而且现在也只有这一本了，不会再有第二本了。

我的神经受了震动之后，我还产生一种梦想，即我能不能把这几张白报纸拯救下来，并且再归我所有。那么我将有一个最好的笔记本了。

第三，再说那白丝手帕。这种白丝手帕在陕北商店和摊床上可以常常见到。它可能同红烛鞭炮都属于婚庆的用物。我就曾用它在我结婚之日请文化协会所有的人题词签名。我记得吴伯箫带头写了两个喜庆的字，其余的同人也都签名留念。这种丝手帕大而薄，足有一尺半见方，但体积不大，像俗话说的，一只鸭子可以把它和着鸭食吞进肚里。所以我喜欢用这种手帕。不用说，现在我裤口袋里正有这么一条手帕。我急中生智，也可以说是不假思索地掏出这条手帕，为的是救下那张雪白的报纸。

上面讲到的，推开那张报纸，再摊开我的手帕。丝手帕团在一起时像是一个花骨朵，这时它骤然散开，也白得十分耀眼，此时出现了那个小纸团，我也想起来那是我交代材料的提纲。这个"小草"，我是经过那么多思考，才找这个安全窝。既然是"小草"，当然是秘密的。为了隐藏这个秘密，我真的费尽了心思。我当时住无定所，当然只好带在身上。但身上又无长物，藏在哪里才好呢？我想我把这个小纸团藏在手帕里，如果搜身时，我先把手帕攥在手掌里，再举起双手，这真是万无一失，搜身的人一辈子也不会发现的。但是现在它却自己勇敢地跳出来了。部长马上看见了，又拿去了，我也收不回来了。我一身冷汗，又无可声辩。还不如那天七千人大会上，我还可以吼他一声。现在我哑口无言，什么都来不及了。好像这条丝手帕变成了一个深渊，我一下子跳进去就不见了……

这一天晚上的事，我什么都不记得了。我如何走出这个窑洞的，我记不得了。

五、转折

这是一段不可捉摸的日子。

想不到中秋节那天晚上，宣传部部长友好相待，送我月饼，我却出卖了自己。那个纸团也只记录些要点，又不出自传的范围，但是，真事也变成假的了。部长会怀疑不但现在写的材料有假，连我入党自传也会是假的了。不然为什么要留"小草"呢？部长一定会这样想的。地委大院我有半个月没有去了，或者部长完全把我忘记了。我不知道将来的命运会是怎样的。

这些日子"死号"跟我亲近些了，显然他不喜欢我一个人有太多的喜悦，他希望我能够与他同命运才好。这个"卖脑"的，我恨死他。但我又不得不跟他用吸烟来消磨日子。

这时我与外界完全隔绝了。

我被关起来以前，听说延安进行整风学习，又是展开什么"抢救运动"……

七千人大会正是绥德专区整风运动的开始，在这之前魏伯调回延安参加高干会议，后来一直没有回来……

庄启东呢，他在运动中只办过一个什么学习班……

我的爱人伊苇当时干什么，我不知道（后来我才知道她调到小学做教员）……

监狱最大的优越性，是它的四壁像一座坟墓，使你像一个死人，音信完全隔绝，可以面壁十年、二十年，可以什么都想，也可以什么也不想……

半个月之后，我又被提审了。现在不再是地委宣传部，而是县保安科了。说明我的案子升级，由内部处理正式转到公安部门了。

一连几天晚上，连续提审。审问的声音不再那么和善，一个劲地声色俱厉。对我提出许多问题，又问到许多人，要我一个一个回答。我知道这是战术上的"攻坚"，企图攻下我这个堡垒。他们没有辱骂，也没有拳打脚踢，只是在审问时制造一种气势汹汹的气氛。对我最严重的惩罚也只是连着三天不准我回监狱，把我留在拘留室里扣押三天。第一天让我实在吃惊，拘留室黑洞洞，室内空无所有，只有一块铺板，他们把我推在铺板上，又听见我背后一阵响声，又一阵门响，那人走出去，我才知道我双手已戴上了手铐，而且又是在背后铐住的，只是头一夜铐在背后，后两夜就改在胸前了，那就好受多了。

在这关头上，我没有胡说八道。看来他们的目的也仅是如此。要么要我说出新的材料，如果没有新材料，也就算了。于是第四天又把我放回监狱去了。

在我回监狱那天，我就收到外面送来的一包东西。后来我知道这包东西是由保安科转来的。这是谁送来的？为什么不直接送到监狱？既送到保安科又为什么不当面交给我？

送来的东西是一个纸包。我急于知道送来的是什么。我打开纸包，原来是一双毛线袜。由此我知道这是亲人送来的，这么说伊苇还是自由人，也许她还在工作。毛袜现在还用不上，她又单单送来一双毛袜干什么？我知道毛袜是经过检查的，它不会带来什么字条，但我还是存着一线希望，里里外外翻了一遍，什么也没有。报纸却是新的，当然对我有用。我准备把它收起来，腾出时间慢慢地读。我又一想，报纸中是否也会夹着纸条，或者在它边框夹缝中是否写着什么字。我又一次失望，什么也没有。但是一个大标题赫然入目，它写着"复社是CC（青天白日团）外围组织"几个大字。复社显然与我有关，我在1932年间曾在北平参加过复社，这是一个学术团体，何况在我入党时我已详细交代过了。

现在我完全明白了伊苇为什么要送来毛袜，目的是这张报纸，我又得到这张报纸也就非常幸运了。我知道了我的问题所在，我继续写材料，详细交代复社的前后经过及其活动内容。

我由于这份报纸所做的交代，无疑得到满意的效果。当时的术语是"矛盾转化"了。我的日子一天比一天好过了，甚至还把我临时借到保安处去翻译一个日本嫌疑犯的日文材料。不久我就正式调到保安处研究室工作了。

其实这一切又都是由于由延安把布鲁调来绥德任保安处处长的结果。他来之后，这个专区一个典型案件，所谓绥德师范的杨典事件破案了，接着全警备区的甄别工作也开始了。

这一切又都是后话。写文章允许有倒插笔，想不到在实际生活中这种倒插笔显得更重要，它补充内容，纠正错误，同时又有着不可代替的某种效应……

可能整个故事都是由这些前因后果造成的。

六、"外一章"

我在新中国成立后又回延安，特意去了党家沟，看见了当年的乡长李树祥，他的只言片语是那样重要而又意味深长……

李树祥在这次谈话中，证明了我在党家沟确实的工作日期。他说我是1942年2月去的，是他亲自把我由义合镇接到党家沟的。他又说我是7月"抬龙王"时走的。他说那年大旱，众人正在计议抬龙王到义合镇大庙祈雨。这么说，龙王没有抬成，倒把我抬到七千人大会上了。

他又说那一天，全区的干部还有乡干部都由义合赶到绥德参加了大会。当时党家沟有两个1934年的老地下党员，李树祥是其中之一。当时区委书记叫李向梁，"土地改革"时他的代号叫"老梁"。凡是当年带头闹革命的都要有个代号，诸如老黑、老木……如果用真名字，怕白军杀害他们的家族。区委书记老梁在当地颇为有名，对我们讲了不少他开辟村子闹革命的故事。那时都是夜间串联，先物色好村里贫下中农，进行秘密接头，再约好暴动的日期。到了那天一条沟的十几个村子，一夜之间就变了颜色，成立了红色政权，挂出各种协会的牌子，开始斗地主分土地……这些故事拼在一起，就变成了流传在民间的刘志丹带头闹革命的种种神话传说，同时也留下了一些民歌的顺口溜，如：

　　好一个井岳秀，好一个坏骨头，他把陕北刮了个苦，苛捐杂税应不定，逼得我们闹革命……

又一首：

　　去年腊月二十八，开会有计划，解决南岔沟，对面山把猪杀，苏区扩充大……

这一边是黑暗的世界，另一边是红透了的天下。老梁在那个时期是个叱咤风云的人物，现在他又在领导着全区的"二五减租"工作。他富于群众工作经验，因为阶级路线分明，为人十分稳重。这个七千人大会就是由他带队参加的。他们起初都不知道开什么会。听说是抓特务，特务总会有的，但为什么开这么大的会，难道绥德专区会有这么多的特务？他们更没有想到有个大特务就在他们身旁。李树祥后来对我说，当时台上喊的是："义合区第八乡雷加上台！"

李树祥没有说自己听见这句话如何反应，却说出了区委书记老梁当时瞪着眼，仓皇四顾，又用一只手贴在耳朵上，一时弄不清台上说的啥。他即使听见了，却又不相信是真的。

可能的确如此。老梁这个老革命，一个老地下党员，和我处了半年多，却看不出我是双料的，又是汉奸又是特务。他吃惊的程度，甚至连自己也不相信了。

此后，我再没有见到老梁同志。那些日子李树祥却是那样关心我。他常常给我送些吃的东西，那双毛袜就是我的爱人托他送进来的。他又常把我的情况再去告诉伊苇，他对伊苇说："这一阵，雷加站在宽地场啦。""宽地场"是句土话，意思是自由啦，得到宽大啦。

此后我也再没见到李树祥。我也没有见到李华生，我在北京时听说他在天津市委当宣传部部长，虽然距离很近，但是没有机会去看望他。

我在保安处工作时，才知道魏伯去延安开高干会，也遭到"抢救"没有回来。又听说《解放日报》绥德记者站海燕夫妇因害怕"抢救"这样的环境，一溜烟跑回大后方去了。

当我1981年再一次回绥德时，去看了小理河彼岸的蒙恬墓，又去看了白家沟。白家沟古迹已不存在，只是当年的监狱操场依稀可辨。

在西安作协时我见了王宗祥，他是当年绥德师范学生，参加过七千人大会，他还记得我被揪上台的第一句话是："我是东北人。"这也是一句最高的概括，其中含有丰富的潜台词。我也可能是这样说的，但我记不清当年在台上说了一句还是说了两句。

回到延安我去参观一个小丝绸厂，厂长一见面就说出了我："你不是当年那个布鲁和雷加吗？"七千人大会那一年他是绥德新华书店的采购员，我被揪上台他当然会记住我的名字，至于布鲁当年是由延安来的保安处长，当时绥德专区过左，郊区四乡揪出不少复兴社和CC分子（当时叫CC是"两个钩钩"）。他是为了甄别工作来绥德的，当然大名鼎鼎，谁都会记得他。

至于《解放日报》登载的那篇文章，当我1945年8月由绥德回延安办理去东北的组织手续时，我才从文化协会机关人员中听到那篇文章曾经引起过极大的轰动。在这篇文章之后，组织了多次"抢救大会"，有不少人上台控诉，不少人被当场点名批判，也有当场被捕入狱的。那真是一个高潮又一个高潮。他们把整个河南人诬为"红旗党",把整个东北人诬为不是汉奸就是特务。除了抢先坦白又在台上控诉的人,似乎台下就没有一个好人了……

布鲁到绥德时,这阵风已经慢慢刹下去了。我也是此时调到绥德保安处工作的。我参加甄别工作,也参加了一些调查研究工作。此是后话。

下 篇

一、较量

我由县保安科转到专署保安处,从各种意义来说,对我都是一个突然的变化。

我从一个共产党员变成一个犯人,又由犯人变成了一个公安工作人员。这种身份未正式确认,无正式编制,我又无公安工作经验,只能说是一个练习生。对我来说,如果任何生活都是创作源泉的话,我也从未奢想过要写什么侦探小说。不过,新的生活总是吸引人的。不久,我对保安处这个大院产生了兴趣,我对保安处长布鲁这个人也有了好感。

这个大院,有一个体面的大门洞,十分讲究。四周一色是青砖砌面窑洞,由这些窑洞组成一个大院落。它不是住宅格局,又不像是学校,更不是兵营。听说是国民党时期的一个商号和货栈。我觉得这个院落和山顶上的扶苏祠、水门外的蒙恬墓倒是十分协调。

一个窑洞是一个科室,全有木牌标志。其中有三个窑洞相连,那便是我所在的研究机构。它归办公室领导,说白了全是编外人员,不干一点行政工作,倒是业务性很强。它涉及外勤和内勤,似乎又有专案组。这里全是一帮归顺了的特务头子,等待甄别的分子,还有罪证不多的可疑分子。

和这个大院发生联系的两个单位，一个是西医诊所，一个是商号。

商号叫光华商店。光华商店是新挂出的牌子，人员全是老人。历年来黄河两岸有不少商业渠道，它们带来了繁华，也带来了稳定。光华商店所不同的是它的账面数字多于货物来往，接头和交换又多于账面来往。它用商业手段掩护了情报交换任务。经理是本地人，年轻有为，才貌出众。我在布鲁的办公室见过他，真是仪表堂堂，声音洪亮。他有农民的忠厚，商人的精明，又有学者的才智，他奔波于黄河两岸，胜似庭院散步。

那个西医诊所的主人叫李化南，别看诊所门面小，生意倒是十分发达。李化南是外省人，戴一副玳瑁眼镜，后背微驼，两颊红润，气质不凡，又十分平易近人。他像一个教授，更像一个外国传教士。他在这里处处显出自己的高贵，却又不觉得光耀自己。他处处影响别人，同时也是保护自己。他和本城几十个士绅关系都好。他是怎么来的？为什么又流传着"李化南大医官"这个名字？他是从旧部队下来的吗？为什么下来之后，又偏偏留在绥德城？他和布鲁又是什么关系？他留下来也许是为了医道济世，是否还别有目的？世界上蒙着面纱的牧师永远是可疑的，李化南也是这样的吗？

有一天傍晚，我与李化南在布鲁的房间里相遇。

这两个人在一起喝酒，也许不是第一次在一起喝酒了。

两个人在一起，有着强烈的对比。看得出来，布鲁是豪饮，李化南却是为了贪杯。布鲁有着职务上的机智，却又不露声色。李化南的脸色不由己地在变化，一会儿是基督徒，一会儿又变成了犹大。他们彼此不断地碰杯，却又不是真心劝酒。他们中间虽然戒备着，又处处显示出不设防的友谊。他们彼此对立，身份不同，但又一派相亲的样子。有时又互相指责，甚至挖苦。他们之间的对话，又简单又不连贯，却又像是都有所指。两人为了一句不相关的话，彼此又能够大笑不止。酒菜不多，已经杯盘狼藉，他们醉意已酣，又无罢战的意思。我这时真不知他们二人哪个醉意浓些……此时，李化南忽然从胸前的棉衣里掏出一个物件，明眼人一见就知道这是一只锡制的酒壶。它扁圆形，银白色，又有雕刻的花纹，是一件精致的工艺品，只有地主人家冬天骑着毛驴讨租子时才用得着它。无疑，这个酒壶里装的应该是佳酿美酒。李化南最后把它拿出来，也有着哗众取宠的意思。一是美酒，二是精致的工艺品，三是表示对布鲁的敬意。李化南端着酒壶在布鲁眼前举了举，然后去扭瓶盖，同时脸上浮上笑意，好像高潮就要到来了。想不到瓶盖太死，一次又一次扭不开，李化南的脸憋得红红的，连眼珠也鼓出来了，瓶盖仍然扭不开。这时布鲁接过去，用手试了试，也扭不开。他转身走到窑外，用一根铁筷子三下两下，把瓶盖撬开了。他走进来，不动声色地把酒杯斟满，连连喝了几杯，酒壶空了，他顺手又把酒壶向墙角一扔，仿佛这个酒壶本来是个废物。然后他站起来，抹抹嘴，表示酒席已散……李化南一直愣在那里，他看见了布鲁如何撬开瓶盖，那壶嘴又如何变形，不用说酒虽然流出来了，但那精致的酒壶却已破坏无疑了。

我看布鲁先走出去，做出呼吸新鲜空气的样子，李化南又在那里愣了一会儿，才在布鲁后面偷偷瞧了一眼扔在墙角的酒壶，走出窑洞，然后低头向大门走去……

这一幕就是这样结束了。我觉得它的意味无穷，无言胜于有言。这就是布鲁给我的第一个印象。

二、布鲁这个人

布鲁应该说是公安战线上一个英雄形象。

他又是在公安战线中，首先受到康生迫害的不屈的形象。

当时延安公安战线干部是土生土长的，或者是老红军，外来干部只有布鲁一人。

1936年12月，布鲁由全国总工会党组织送到延安学习。因遇上西安事变，暂留西安新华分社在李一氓领导下工作，1937年2月离开西安进了延安红军大学。七七事变后，他在抗大提前毕业，调到陕甘宁边区政府保安处任情报科科长。在任内由他在陕北公学抽调部分学员办的特训班，培养了第一代公安干部骨干。1939年由于他利用了国民党派来《中央日报》记者的身份，掌握了边区各县大量的特务线索，为保卫边区做出了贡献。1941年在国民党反共高潮中，布鲁深入关中、陇东两个地区，除加强情报派遣和边境检查工作外，又破获一起陇东庆阳的军统特务大案。1943年夏，"延安整风"进入高潮，康生提出"整风必然审干，审干必然转入肃反，肃反必然转入抢救，抢救不成而自救"的谬论，自此"抢救失足者运动"开始。布鲁在保安处是唯一从白区来的领导干部。他在白区工作多年，两次被捕，自然成为"抢救对象"。又因布鲁在海外工作中致残，断掉左手，康生认为这是"王佐断臂"，是敌人的苦肉计，便免去他的保卫部部长职务加以审查，并决定下放绥德工作。这也是因为整风运动开始后，绥德专区运动扩大化到了不可收拾的局面，边区政府不得不派出新任的保安部部长师哲和布鲁等人到绥德解决"抢救对象"过多问题。他们在绥德工作了一个多月，清理了不少假案，释放了一大批人。1944年春，中央社会部解除对布鲁的审查，任命他为绥德保安处处长（地委委员），开始了大批甄别和清理工作。其中绥德师范"杨典被击伤案"的破案曾轰动一时。

后来我读过《吉林党史人物》第五卷，其中记载了布鲁（书中名陈泊）烈士的一生。

布鲁原名卢茂焕，又名陈泊，1909年生于海南岛乐会县（今琼海市）一个佃农家庭。兄妹八人都是产业工人。父亲卢京训以捕鱼为生，思想进步，他的家在"土地革命"和抗日战争时期，曾是共产党地下县委的掩护场所。这是一个常见的革命家庭。

布鲁从小就上山砍柴，下海捉鳖，十三岁小学毕业后进厂学徒，十七岁就成为熟练的钻钳工人，同年由琼崖总工会负责人黎竟民介绍加入了中国共产党。四一二反革命政变，他第一次被捕，旋即保释。他回到家乡山尾村发动农民开展武装斗争。这时他化装成鱼贩子侦察敌情，准备攻打卜敖港警察局和盐务所，结果失败，群众遭到血腥镇压。1928年乐会县苏维埃政权又受到严重破坏。布鲁全家被抄，姐妹二人被捕，布鲁躲过敌人视线，潜入海里逃脱，由此漂洋过海逃亡在东南亚一带。这一年他才十八岁。

1928年布鲁到了荷（兰）属苏门答腊的巨港埠，在他舅父开的饭馆打工，又进华侨中学读书。这时他接上了党的关系，参与了把原有的产业工会（三大火锯厂工会、店员工会、内河拖轮海员工会等）联合起来，成立巨港总工会的活动。总工会曾组织大批工人声援和捐款支持新加坡皮鞋厂工人大罢工，直到取得最后胜利。

1930年布鲁在马（来西亚）共中委工作，不到三个月马共中委机关被破坏，布鲁去新加坡汇报工作，然后留在新加坡。他先在新加坡民族委员会工作，不久调任新加坡和马来西亚总工会纠察队总队长一职，任务是保护工人游行示威队伍，打击工贼，消灭叛徒和保卫地下党同志的生命安全。后来，布鲁又组织了秘密特别队，专门惩处党的叛徒，打击暗探特务等各种反动分子。从此，布鲁与党的保卫工作结下了不解的缘分。

1931年布鲁奉马共中委指令，接受了消灭原新加坡区委书记大叛徒李锦标这一任务。李锦标出卖同志百余人，罪大恶极。为了执行这一任务，布鲁决定自制炸弹。在行动之前，为检查炸弹不慎撞击雷管引起爆炸，双眼、左手和胸部严重受伤。当他从病床上醒来时，知道自己已被逮捕。在审讯中他根据操作时没有第二人在场，编造了一套本人是受害者，反而责问官方为什么不去抓抢劫者……后又经过绝食斗争，终因证据不足被当局驱逐出境。

1932年布鲁带着组织关系从新加坡回到了祖国，先到厦门又到了上海……

布鲁是多数爱国华侨中的一个，而且不愧是坚强勇敢的党的地下工作者。

我在绥德见他时，他才三十四岁。他戴一副白光眼镜，脚穿一双翻毛皮鞋，在一般干部中他的风度比洋学生还"洋"。他的面孔广东人特征明显，说话多重音，也不十分难懂。他对我当然十分了解，有档案和检查材料为我做了介绍。奇怪的是我们从未谈过有关案情的话，莫如说我们之间倒是慢慢产生了一种由于互相尊重而带来的友谊之情。

我觉得我来保安处等于一名实习生。布鲁让我参加各种会议，也参加外勤联络，并与他周游各县视察工作。

我本是由延安下来深入生活的，现在转入公安战线，也未尝不是一种新生活的开始。

三、杨典事件

布鲁首先落实了杨典可疑案件。

绥德师范是绥德的最高学府，"抢救运动"的高潮也发生在这里。一群十四五岁的学生娃娃纷纷上台，假坦白自己是国民党、三青团、小特务，然后就是你咬我，我咬你，乱成一团。

在这一片混乱中，又发生了杨典遭暗害一案。有一天，教务主任杨典被一块飞来的石块击中胸部，被打倒在地，证明敌人还在进行破坏活动，它加重了政治色彩，气氛更加紧张了。这又逼着孩子们进行交代，又实行了车轮战术……孩子们不得回家，亲人也不知道学校发生了什么事，校内校外一片哭声……三个月过去，"抢救运动"好歹停止了，只有杨典一案落实不了，何况这又是一个可疑的大案。

杨典，河北省人，当年二十六岁，当过小学教员，家乡沦为敌占区后，他流亡到山西临汾，又被日本鬼子抓去当兵，后被我军俘虏参加了八路军。他要求到延安学习，路经绥德，因他有一定文化就留下当了教务主任。他工作积极，又要求入党，但因他当伪军那段历史无法查清拖延下来，他为此感到十分苦恼。

布鲁提出的问题一是为什么运动刚刚开始，杨典就遭到敌人暗害；第二，他不为自己的案件所震惊，也从未提出要求寻找凶手，为什么。

布鲁了解案情如下：那一天各班正在上课，一个十五岁的男同学孙春娃上厕所，路经操场，忽然听到操场东头有人喊叫："哎哟——哟哟——"他跑去看见教务主任杨典倒在地上，手中握着一块石头，大喊："快来人哪！有人要杀害我呀！"春娃把他扶起来，也跟着他大喊。这时一大群学生围上来，杨典又大喊："有人用石头刺杀我……"同时揭开衬衣，左胸处果然有一块红肿。学生们把他扶回宿舍。消息传开，学校议论纷纷，像开了锅一样。杨典顿时成了整个绥德城的风头人物。

布鲁对这一般情况并不满足，他又亲赴现场，还找了春娃问话。春娃回答说："杨老师是躺在地上喊人的。"春娃又说他没有看到凶手。他说杨老师也没有叫他去追凶手，也没有说凶手是向哪个方向跑的。

布鲁又进一步从学校了解到在整风运动初期，根据地委指示，学校方面做过"精兵简政"的动员报告，并进行了讨论。此时在操场的土墙上出现过一张黑头帖子（匿名大字报），上面写了七个大字"精兵简政要民主"。至今也未查出这个黑头帖子是谁写的，还是悬案一桩。

此时布鲁想以黑头帖子为突破口，他研究作案者的心态，以缩小侦查范围。动员全保安处人员展开讨论，确定写这张黑头帖子的人，不会是学生，精简不涉及学生，也不会是共产党员（一般共产党员不会被精简）。又因1941年11月毛主席在陕甘宁边区参议会上，谈到"精兵简政"时说："一部分共产党员还不善于同党外人士实行民主合作，还保存一种狭隘的关门主义或宗派主义的作风……"可见这"精兵简政要民主"是非党人士的要求，侦查目标自然应该把共产党员排除在外。

学校里只有三四个非党人士，杨典又是唯一从敌后来的知识分子。因为他有一段查不清的历史，那么只有他怕被精简但又不便公开提出。于是大家得出共识：杨典是最大的嫌疑者。又经过核对笔迹，证明黑头帖子确是杨典所写。但是，既然杨典因不满写了黑头帖子，为什么本人又成了敌人行刺的对象呢？

布鲁的注意力又回到杨典被打事件上来。据分析，根据石头大小，冲击力不论大小都不会把杨典打倒在地；即使打倒在地，他会抱住脑壳，不会平躺在地，更不会想到去捡那块石头；并且，他自己从不提起凶手，也未说自己见到凶手……布鲁想到这里，拿起那块石头在自己胸前捶打几下，因为人们习惯用右手，自然打在左胸上。这时一看左胸部红肿一块，还破了点皮，其位置和杨典的被打的位置一个样……

布鲁提出自己的疑点以后，大家议论纷纷，有人说杨典怕被"抢救"；有人说他怕审查历史，企图蒙混过关；有的说这是假造英雄形象，骗取信任入党……布鲁诙谐地说："这个问题，让杨典自己来回答吧！"

四、甄别一例

今天回想起来，这个研究室像是临时列车，都是没有编制的人员，更像是一个蜡像陈列馆，都是"抢救运动"中的"抢救对象"。其中有各种异己分子，有坦白了的特务，有历史上有疑点的人，也有一身清白还没有弄清白的人，一边参加一些工作，一边等待甄别下结论。

我在这里时，经手过一个甄别案例。

此人叫刘逸三，专署税务局干部。他和我们都是同时代人，同样是学生出身，为了抗日也结队游行过、示威过。在这些活动中，同样是一颗青年的心在浪尖上跳舞。而因为每个人节奏不同，也会有各种不同的遭遇。

按照今天的说法，刘逸三生在一个"一国两制"的家庭。他本人是爱国青年，他的老一代以放高利贷为生。他的哥哥从小练武，参加了青帮，担任过孔祥熙的侍卫长，参加过英皇加冕。在重庆一时也是赫赫有名的人物。刘逸三因此走了一条弯弯曲曲的革命道路。

刘逸三十六岁进中学，参加过反帝大同盟，被捕一次，出狱后加入了学救会，到河北博野一带组织各界救国联合会。因学校调往前方，他未去前方回到保定。不久又去洛阳，由人介绍，到空军总站任信号班班长。半年后，他又随刘峙部队南下，因掉队才下决心来陕北的。

他先到西安八路军办事处，办事处对他说如去陕北，需先进青训班。刘逸三无介绍信，可也自己想办法进了青训班。在青训班时，他发现同学麻正雄是托派，斗争后送县政府，后来又释放了。刘逸三因此可以留校工作，但他又不肯留校，一直请求到延安去。

以上是刘逸三的简历。其中总有可疑之处，如果放在那个时代纷乱的背景下，这些疑点又都是可以解释的。比如：为什么不可以因为掉队才萌发去陕北的决心呢？当时进青训班，许多人都是不带介绍信的，当时流行的是一切都靠自我的工作表现。刘逸三自己也说，他追求光明起初也是懵懵懂懂的，直到他读了进步刊物《生活周刊》才透出一线光明，又因有一次看到苏联飞机（想是他在航空站的事），才激起渴望革命的浪花。这一点像是小说，却又是生活的真实。

只是刘逸三不该在入党时隐瞒了在保定被捕一事。有的人因要入党，制造事件以表现自己，也有人因急于入党会隐瞒一件重要的一时弄不清的事。这两种人都会受到组织上的审查。

刘逸三来陕北之后，他利用国统区的关系可以来往自如。1940年刘逸三去大后方重庆一次。他从重庆回来不久，专员就给他看一封电报。大意是刘逸三系共产党重要分子，携巨款七千元，去重庆购买枪支，查实详报……

购买枪支确有其事，刘逸三利用他哥哥的关系买了几支二十响的驳壳枪。但是，他为什么又去过一个"拜香堂"？这也许是讳莫如深的事。另外，他从西安回延安时，又为什么改写了护照？刘逸三的解释是他乘坐的车是国民党三十二军的军车，军车规定一律不许带外人，因此才改的。刘逸三回到延安，组织部门正式找他谈话，问他在重庆见了些什么国民党党政要人，又问他是否到国民党中央党部去过……

刘逸三在心里想："糟了，自己又一次身临危境的边缘了。"

我以为有一种人的性格是挑战性的。这种人缺少的是谨慎，看上去浮躁，其实是一种进取精神在作怪。他们极易走上英雄之路，因为难免的失误又极易自我牺牲和自我毁灭。

表现刘逸三这种性格的事例，倒是不少。

1939年冬，刘逸三已是边区政府干部，他到内蒙古请示工作，应该回到县委传达，但他路过区委时就对区委传达了，这是一个可以无限上纲的错误。

有一次他去陇东地区征粮，他对当地党委工作心怀不满，他在一篇租佃关系调查报告中，说党委有意无意打击了当地干部。

当他在陇东时，王实味的《野百合花》发表了。刘逸三曾议论道："这篇文章不同寻常。说是王实味他一家之言，我看不是。我看这是党在进行自我批评。我认为只有共产党才会这样做。"5月间，批判王实味开始了。他也知道自己错了，可是已经来不及了。

刘逸三由陇东回到延安，仍留在西北局工作。他要求到前方去，理由是留在后方学不到东西。如要留下他希望做政府工作，于是调到绥德专区税务局。

他到绥德后，听本地干部反映米脂县税务局"形同土匪"，他就在布告中写道:"据报最近有人不带执照,随意检查行人,形同土匪,嗣后如再发现……"专员对随便检查行人这件事也说过应该禁止的话,但刘逸三这些话不请示领导就公布于众,引起税务局干部的不满。

以后又发生了两起事件。其一,绥德分局查出国民党二十二军利用运送军棉衣之便,夹带大量迷信品由西安运送榆林。我们加以扣留后,榆林方面给专署来函,答应用上税方法解决。刘逸三借口"不敢做主"顶了回去。如果把二十二军看作统一战线对象,再说迷信品不过是过境而已,其实也是容易解决的。

又一次,查出"天下第一军"七八十桶颜料过境漏税,此事又引起刘逸三与专员争执。一个说颜料卖出后才能上税,一个说入境就得上税。一个又说,可上税一半罚款一半,另一个又说,不可不可……

正是那一年党中央派洛甫同志来绥德做商业调查研究工作,刘逸三当时也参加了。在调查中,刘逸三得知一个地方干部与光华商店在业务上发生纠纷,刘逸三不求地方解决,径直上报了边区政府。

　　……

由1945年1月22日到1月29日,这次甄别案例讨论一共进行了三个半天,由布鲁同志主持;但他发言不多,好像只在于搜集意见。开始时布鲁说了几句开场白,中间有几段插话。处里工作人员做了"刘逸三历史情况研究"的报告后,布鲁又讲了下面一段话,大意是每个同志首先要做的是区分敌我。这是必须要严格加以区分的。为了要做到这一点,就要仔细听对方的发言,记下每一个疑点,但对疑点又要一分为二看问题。提出怀疑不是坏事,只有如此,才能把坏事变成好事。除去疑点不就澄清了事实吗?第二,要严格掌握一条心和半条心的局限。应该说,坦白和辩解也是不同的,不分析这二者不行,把它们二者混同起来也不行……

布鲁的插话,多半是为了弄清动机和效果不相衔接之处,或者矛盾互相纠结又极难辩解之处。比如刘逸三那次被捕,为什么那样轻易地得到释放。刘逸三进一步解释说，那是因为校长是西山会议派（胡汉民）的人，而学校的训育主任是个国家主义派。他们中间有矛盾，就是利用了这个矛盾……

布鲁最后又做了即兴发言，他说，有这样一句话：兵荒马乱之年，弟兄们不认识弟兄。这句话是在一本《静静的顿河》书上看到的。这句话看怎么理解，一种解释是兵荒马乱之年，本来是弟兄，但互相敌对谁也不认识谁了。另一个解释是要正确认识自己，要站在正确方面，千万不要使自己站在敌对方面，这是更重要的。一个是互相认识，另一个更重要的是先要自己认识自己。这几天的会就是这个意思：互相认识，也要认识自己……

也许他没有说出来的意思是，一个伟大人物，他总能使自己认识自己的，那是一种最高的艺术。

五、特务头子

我身旁的两个人，是这个地区的特务头子。一个是头号人物，一个是二号人物。头号人物叫栾丁生，二号人物叫马逢瑞。

这两个人极不相同。一个是十足的书生气，又像一个穷士绅；另一个浑身上上下下都是农民气息。我和他们朝夕相处，慢慢地生出感情来了。两个人我都喜欢。

栾丁生这个名字，他自己说是这样来的。他的姓繁体字笔画太稠，别人也不好认，算命先生又说他命里缺个丁字，这样他就叫成栾丁生了。

马逢瑞粗粗拉拉，像个农民，却颇有文采，是个民间诗人，他为栾丁生写打油诗曰：

绥德州也有名，

> 特务头子栾丁生，
> 二饼子眼镜脸上撑，
> 穿个大氅不占领，
> 只要你坦白反了省，
> 老毛请你做先生。

在绥德城里，只有栾丁生一个人穿了件粗呢大衣。大衣是舶来品，它的领子不围脖子却披在肩上，这就洋味十足了。绥德人也很少有戴眼镜的，栾丁生的眼镜也就格外显眼。此人特瘦，两肩不平，一高一低，走起路来，哩溜歪斜，连他的眼镜也显得一高一低了。

他和马逢瑞两个人在这里受着特殊优待。两个人的家眷都接到城里来了。栾丁生一妻一女，马逢瑞一妻一子。子女都小，两个女人自然又年轻又美貌了。这两个人晚间回到自己住处，两位婆姨白天也常常到办公室来。这时栾丁生摆出一副圣人面孔，不苟言笑。马逢瑞十分自然，又喜形于色，常常两手举起大胖小子，高兴地喊："长大了是个好劳力，哼哈……"两个家眷虽然搬进城来，连马逢瑞也觉得奇怪，他悄悄问栾丁生："这是怎么搞的？"栾丁生不动声色地答："别问，你就好好受用吧！"自然这是栾丁生首先向组织上提出来的，可见这位圣人更加依恋女人。

布鲁带我们下乡时，少不了这两个人。班子里又因为有这两个人在，我们又像是个小马戏团。不论走到哪里，老乡都赶来看这两个特务头子。整个警备区，不论四川各县或黄河边上的吴堡和葭县，栾丁生是大大有名的。连小孩子也是这样，说起国民党反动派没有什么吸引人的，特务尤其是特务头子非看不可。这些都和国民党包围边区有关，和国民党派遣特务有关，还和1938年冬国民党在这里组织"铲共义勇队"有关，和1936年国民党二十五军对红军的"围剿"有关，和那时地方上组织肃反会和壮丁队有关。这一切都和阶级仇恨有关。

这里又不能不说到榆林中学和绥德师范这两所学校。陕北一些重大事件，都和这两所学校有关。当年陕北共产党创始人李子洲就是从北平来到榆林的。刘志丹就是由榆林投考黄埔军校又回到陕北闹革命的。不断地由北平传来革命圣火，再由榆林传到绥德。由于这许许多多圣火的传播者，在北平和陕北之间早就形成了一条传递革命圣火的通道。有圣者也有变节者，如栾丁生、马逢瑞二人都是。学生时代他们都是革命的，后来就随波逐流成了变节分子。布鲁在工作中特别注意这些变节者，分析这些半条心或两条心的人。反革命与叛徒不同，变节者又与脚踏两只船的人不同。

我们这个工作班子，走到各县常常引起轰动也是很自然的了。我们常常听到的议论是："看看共产党多有办法，把特务头子栾丁生都转变过来了。"

布鲁带栾丁生下乡，又依靠他又不信任他。布鲁把每个案子都摆在栾丁生面前，听听栾丁生说些什么，再从这些话中破译它的秘密。栾丁生是一座天平或者是一块试金石，或者这个人是个能为正反两面辩护有术的真正的刀笔先生而已。

栾丁生和马逢瑞这两个人，确有不同之处。马逢瑞把一切摆在表面上，粗中有细。栾丁生可以不动声色地坐上一天，但又显示自己赫然存在。

栾丁生一天不言语，布鲁不惹他，也不以为怪，但对马逢瑞就不同了。他会给马逢瑞各种材料，叫他抄抄写写。又会叫这个凭直觉办事的人，去破一个有贪污嫌疑却无事实根据的案子。结果，马逢瑞会设计一套空想可笑的程序，最后一无所获。布鲁对这个案子也像忘记了似的，不再过问。

栾丁生则不然。他平时沉默寡言，但又长于谈话，尤其长于对话。对话时，有时快有时慢，其幅度长短与语意有关。总之，他对事物有自己的看法，又有自己的表达方法。

六、面向榆林

以绥德、米脂两地来说，穷人谋生多走南路，因陕南平原最为富庶，而士绅商贾多去榆林。榆林地处沙漠边缘，被沙侵两次迁城建城，最后是人定胜天，新榆林城竟变成塞外江南。再说，由榆林东去太原，再去北京，这是自古以来另一条不闻名的"丝绸之路"。它功不可没，商业发达不说，学者自由往来，所有新思想都源源而来，又多开花结果。

此时榆林被国民党占据，国民党的党政机关当然不少。但敌军中有友军，国民党阵容中士绅坚决反共的甚少，还是中间人士居多，也有不少倾向革命的人士。

中间人士居多这个分析，在布鲁的工作中渐渐占据了重要位置。1944年12月他带领工作组去了葭县。整个葭县城建筑在紧靠黄河岸边的一座峭壁悬崖之上，它既是兀立在黄河边上独一无二的高大城堡，又是一座避风的安全港。它东临黄河，踏上一步就是山西地界，所以由榆林回到边区的上层人士以葭县为多。布鲁在葭县召开过一个座谈会，面对榆林展开了强大攻势。在这次会上，我才看出布鲁对榆林的敌情十分熟悉，对那些由榆林归来的葭县士绅也是了如指掌的。

布鲁在这个会上，号召那些中间派赶快回到边区来，他更多的是探索榆林各方面的动态。

看得出来，榆林像个孤岛，在中间分子中并不认为它是一个真正的安乐窝。他们都面向南方，一心向往延安。他们注意国民党的动态，更加关心的还是自己的家乡：边区和延安……

他们自己承认榆林人看报纸多，关心国家大事，关心抗战前线各种消息。但是他们更多地在追踪林老（伯渠）在重庆的活动。他们甚至不觉得河南战事比国共两党关系好转更为重要。因为他们热爱的还是自己的家乡——边区。

　　他们曾经为了谁能回边区谁又不能回边区而争论。这关系着各个方面，比如：谁真心，谁假心；有些历史问题的，谁害怕，谁不害怕。他们尤其关心"抢救运动"，他们盼望整风早日停止。他们就是从这些方面打探边区的虚实，回头再来安定自己。

　　但，去年因整风来到榆林的逃跑分子，自己心中十分不安，对自己的家庭处境如何也十分顾虑。但他们在别人面前表示自己逃出来都是暂时的，既是暂时的，当然他们更愿意回来，他们中间也有些人下了"海"（指投靠国民党），他们知道凡是吃过"特殊饭"的，不是一顶好帽子，干脆他们不准备回来了。

　　国民党在榆林设立了青年接待站，这是专门招待逃跑分子的。这些人一去，先发四百元接待费。

　　榆林的三青团，除了帮助募捐外，还协助地方缉私工作。恐怕这也是为了赚些外快。

　　有人说，国民党驻军中一般不谈论八路军问题，这是因为老高（桂滋，当时国民党驻榆林长官）与边区关系好，又是近邻。他们也知道这句格言，远亲不如近邻。和平相处对双方都是有益的。

　　由榆林回来的人也说到马占山这位抗日老将军，他被蒋介石逼到边陲一隅（河曲一带）真是一筹莫展，他即使是一只鹰也插翅难飞了。何况他既无翅膀，连他的地盘也供应不足。一颗蹦跳的抗日爱国之心像大鼓那样敲着，也只有仰天长叹而已。

　　也有人这样议论："李鼎铭是个人才，怨咱（国民党）没拉住，叫他跑到了延安。"国民党对此十分后悔，又十分恼怒，已下令不准将李鼎铭修进米脂县志（李鼎铭是米脂县人）。

　　最后，布鲁在座谈会上发了言。这是针对士绅们的思想和顾虑说的，也是对我党的整风运动和审干运动做了说明和解释。

　　——整风运动是在全党范围内开展的一次教育运动，任务是反对主观主义以整顿学风，反对宗派主义以整顿党风，反对党八股以整顿文风。整风的目的是实现党内的思想上政治上的统一和行动上的一致，同心同德地战胜困难，夺取抗日战争的最后胜利。我们认为这是完全正确的，更不妨碍民主人士的个人利益。

——还有一项任务是审查干部。我们的干部来自全国四面八方。弄清他们的历史，纯洁党的组织是必要的。

——在我们的队伍中确实混进了国民党特务，进行破坏活动。国民党的中统局和军统局就是两大特务系统，主要是针对共产党和边区的。1942年我在陇东和延安就破获了戴笠的一个大特务案。榆林国民党党务办事处第三组就是特务机关，他们搞的就是对边区进行特务活动。当然不是像去年"抢救运动"那么多。现在大部分已甄别平反了。他们都在照常工作。

——我们欢迎那些因怕"抢救"跑到榆林去的人回到边区家乡来。请告诉他们，凡愿意回来的我们都欢迎。回来参加革命最光荣。参加了其他党派的不能认为是特务，回来一样参加革命工作。就是国民党特务，转变过来就是一份革命力量。回来革命才是真气节。共产党主要看现在的表现。

以上就是布鲁在动员这些乡绅向榆林的亲友做工作。

七、告别自己

人的一生如一场战斗。

不论大小战斗，必须及时打扫战场。因此，人的一生也要常常告别自己，也像及时打扫战场一样。

告别自己不是为了告别过去，而是为了未来。

时过半个世纪，当我活到八十一岁时，写这篇《告别自己》的文章，也许不算是太晚吧。

问题是半个世纪过去了。我这个人怎样，文章中写到的那些人又都怎样，我必须再费点笔墨，也向他们告别，再向他们致敬。他们总是在我记忆之中，都是给过我诸多友谊的人，都是值得我缅怀或纪念的人。

　　先说我们一起从延安到绥德的魏伯吧。他从米脂县委会到延安开会，一直走上"抢救运动"的祭坛，再未回来。抗战胜利后，他一直在东北工作，仍念念不忘创作，调动工作时因一篇文章，又受到批评。后来他做大钢厂副经理，又在中南地区负责财经工作，但他又想回到文艺工作岗位，1978年投入恢复全国文联的筹备工作，最后仍未如愿以偿。

　　庄启东在米脂县杨家沟与那些大地主周旋了一个时期，当时中央领导张闻天同志也在杨家沟做调查研究，后来这些调查材料出版了，说明地主阶级都是运用租佃关系来集中大片土地的，这些材料算了一笔细账，揭露了地主的真面目。我想这一些对庄启东不无影响，所以他在东北大区和中央专门研究经济工作了。因他是（20世纪）30年代左翼文坛老将，时不时还有文艺作品发表。

　　刘逸三在中华人民共和国成立后，仍做财务工作。我们在北京常常举行的各种大报告会上见了几次。他的风姿仍不减当年，后来因病逝世。

　　栾丁生，我那年回陕北又在绥德会见了他。他仍做中学教员。他仍那么一肩高一肩低，行走时哩溜歪斜的样子。他非常得意他的学生之中颇有几名才子，要求我在这方面做些指导工作。

　　马逢瑞我未见着。他是高血压型的人，早已去世。不过他儿子曾给我来信，要求我给他爸爸写传。他的自传材料我知道的比栾丁生要多得多。他有两个十五年发家计划。原来他是一户中农，因负债破产。他的发家计划，以纺织、植树、兴修水利为基础，今天来看不失为发家致富的能手，可是当时可以上纲为"反攻倒算"。当时的思想：你既想丰衣足食，当然免不了要剥削别人，还是安于贫农成分最好。我写他比写栾丁生有兴趣，不知为什么在这篇回忆文章中他被挤下台了。

当然要提到李华生这位部长了。自他那次送我那块月饼之后，我再没有见到他。新中国成立后听说他在天津市委宣传部工作。虽然京津十分相近，一直没有机会向他报答月饼之恩。

最后说到布鲁。最使我惊奇的不是我被"抢救"，而是这位保安处处长当时也是被"抢救"的人物。他使我在另一战线上学习了很多工作方法，至今印象最深的是，他对任何一个案件，都在进行一种心理把握。什么叫心理把握呢？那不仅是斗智，而且是一种精神上的侦察与征服。他又重视"三分钟"的谈话。这当是一种出其不意，一种突击，一种攻坚。虽只攻其一点，因要诸多准备，其收获也是多方面的。

他对我十分理解。大约是1945年春天，我就征得他的同意和地委的批准，再次下乡到离绥德四十里的延家岔任乡支部书记去了。而在当年的9、10月间，我又随他由延安出发的东北干部队去新解放区东北沈阳了。后又去丹东接收一个纸厂，1950年调中央工作，也就是这一年的五一节我在天安门的观礼台上又与布鲁相见了。当时时间仓促，所谈不多。最近才读到《吉林党史人物》一书，他的烈士传为他可歌可泣的一生做了公正的总结和评价。我为了写这篇回忆录才与布鲁的夫人吕璜同志相见。她一直在全国妇联工作，已离休，她在各种政治运动中，也遭到迫害和苦难，但精神颇佳。我与她相见时，她详细谈了文中提到的那个杨典事件，谈到绥德，谈到延安"女大"。她和我的夫人伊苇是延安女子大学同学，在我写字台墙上挂着一张"女大"同学早晨起床下山到延河边洗漱的照片，一群"女大"学员在晨光中的年轻身影和延河清凉闪光的河水……"啊！延安！"——歌词如此唱道。

我也面对着这张照片告别自己。

1994年

陕北随笔
——40年代采访生活及其回顾

漫步高原

当年，我在黄土高原上漫步。

有人说，我是踏着歌谣走来的。歌谣是：清涧的石板，瓦窑堡的炭，米脂的婆姨绥德汉……

1942年春天，我正要到绥德去。这是一条南北向的宽宽的河谷，我沿着它从延安经过瓦窑堡，再经过清涧，一直到达绥德和米脂。绥德、米脂是陕甘宁边区新建立的最远的县份，也是红白区交界的地方。再北边叫榆林，那是当年所说真正的"白地"。

迎来的是一片陌生的世界，却又是那么诱人。

瓦窑堡那个地方，平地里可以挖出炭来，在我的家乡却只有不成气候的"草煤"。清涧的石板也是一种奇观，大的像台球桌面，又是那么平滑如镜，似乎散发着地中心清新的气息。后来我又知道，它的用处在这一带不下于木板木材，大的可以做成粮仓隔板、牲口槽、条案，家家户户所用的锅台、炕沿也都用它。锅台和炕沿都经过打磨，发出油亮的光，有如黑色大理石一般。这些又带着装饰意味，它代表了一个民族的文化水平。

说到人，那就是绥德的男人和米脂的婆姨，大概指的是吕布是绥德人，米脂又是貂蝉的故乡了。这里的人，除了城市居民、乡间士绅、地主和雇农，还有不少的知识分子和学生，他们都文质彬彬，又那么纯厚得颇有古风。我觉得这里每个人都得天独厚，在这些年，既经历了革命风暴，又不失黄土高原古老的历史文化闪光。

一直使我怀念的是这里的土地和人。

绥德城依山而立。给我的印象，它是一个地道的边缘地带的古城堡。它的瓮城砖缝间挤满青苔，看上去森严古老。山上有秦朝扶苏祠堂，城外有蒙恬墓。蒙恬大将墓由土堆成，高十余丈。据说是由他的士卒掬土堆积而成。如果毛笔真的由蒙恬发明的话，他的笔也写不尽这座墓地的高大。这条有名的无定河，由东北环城向南流去。浊流滚滚，气势万千，它一点也不次于黄河。尤其是遇到风暴袭来时，它的两岸的沙砾和霜白的荒草，竟能重现当年"无定河边骨"诗境般的画面。绥德过去是州府所在地。它的官府建筑十分气派。作为最高学府的绥德师范学校，它的建筑更加堂皇，而且又是建筑在一个山头之上，这就符合了今天所说的不论哪个城镇，最好的建筑应该属于学校。这个县城首先办起师范学校，这又是多么有远见的事。这个县城因为有了这个师范学校才能够做到教育普及，又提高了群众文化生活，绥德的声誉绝不仅此，它又给我们留下了历史上"土地革命"的乐章。

再北就是榆林。榆林地近沙漠，却是个有名的文化古城。有人说它直接处于北京的时代文化曙光辐射之下；又有人说两个地点的纬度是多么相近。总之，自古以来北京和榆林之间形成了一条文化渊源的固定的渠道。共产主义小组的活动，就是由李之洲直接由北京带到榆林来的。榆林中学当时是一座坚固而又有声望的进步堡垒，它集中了一批具有共产主义思想的教师。榆林中学一直影响着米脂中学和绥德师范学校，当时由这三座学校构成了传播革命思想共鸣区，再向西由三边①，到银川一带，它又形成了一条新文化的共振的走廊。

刘志丹就是榆林中学的学生。刘志丹当年就是在陕北农村闹起革命的。他一个人创造了一个童话世界。在他所有的活动中，每一个足迹都可以说是一篇传奇。他短短的一生，居然创造了那么多歌谣和传说，直到今天，他的事迹也在这里流传不衰。当年，那么多老百姓跟着刘志丹闹革命。群众中翻起了滔天巨浪，天天都在开辟村子，眼看着地面上红了一片又一片。这些人也都带上了传奇色彩，他们都生活在童话之中。这种红色风景，历史上并不多见，何况它又有着浓厚的地方风采。

陕北的工农红军，它的源头不能不说来自北方，最后它又以与中央红军的大会合而告一段落。陕甘宁边区的建立，宣告了一个时代的结束。当年我去绥德，它已处于新兴的"三三制政权"②之下，变成革命抗日战争的根据地了。那时乡村里到处流传着刘志丹的传奇故事，人们到处唱起高亢的抗战之歌。新的旧的在交替中又在融合着。一切都在觉醒新生，又是那样五彩缤纷，呈现出陕北高原固有的闪光的神韵。

绥德城的风貌，真够打动人的。城里一律石板路，又带有一点坡度。每天薄暮时分，可以听到驮炭的骆驼铃声。元宵节那天，十字路口燃起特有的高高垒起的煤堆篝火。到了夏天，妇女们穿着木底鞋走到河边洗衣，又必须系上百褶裙才算不失体面。这一切都那么古色古香，又都有古礼可循。另一方面，在街上走着的和新成立的各个机关里，都是穿着毛式服装的新人物。

老红军当了专员，那么多流亡学生在"抗大"毕业之后都变成新干部。皮鞋布鞋和长征草鞋走到一起来了。

---

① 三边：指安边、定边、靖边。
② 抗战时期，为了保证统一战线的政权的建立，提出了政权人员分配政策，即共产党员、左派进步分子和中间分子各占三分之一。

商号里有京广杂货出售，却又买不到一张手纸。前一阵到处斗争地主，地主活不下去了。现在城乡大大小小地主，又都被抗日统一战线和"二五减租"新政策①复活了。据说米脂县有个破落地主已经变成共产党员，又成了县政府里科级干部。绥德地委过去一位土地革命中闹"红"的人物，今天当了部长，还娶了一位地主的女儿。

我还认识了马逢瑞这个人。他是绥德西川子洲县人，富农成分，但民国十五年（1926）他家分赀以后，又因为民国十七、十八两年跌了年成，家道中衰。他本人有点才气，曾是绥德师范高才生，也曾"左倾"过。他念念不忘他的好友高炎在家乡带领全家闹革命的故事。高炎是个不多见的幻想式人物。他的事迹由马逢瑞叙述起来，几乎是可笑的，又是那样不可思议。马逢瑞和高炎正相反，他本人务实，因家道中衰，因此有个十五年兴家计划。又把兴家计划写成文字，似乎是模仿孙中山先生的《建国大纲》写成的。

我看过这个兴家计划。高炎本人已经不在，马逢瑞的兴家计划也不幸夭折。如果不是革命和战争，马逢瑞这个十五年兴家计划有可能会成功，也许他会成为一个新式地主。可惜他的致富之路被切断了，他的兴家梦想也破灭了，马逢瑞只能是一个未来的大地主。不知这是他的幸还是不幸。

我在绥德还认识了绥德城的首富大地主安文钦，他和马逢瑞不同，他是个实实在在的地主，他几乎从地球上被消灭掉而又未被消灭掉。他这时不但安然无恙，又当上了陕甘宁边区新政权参议会的议员。后来我到米脂县，又认识了更多的地主。米脂县城里有贺家、白家，城东四十里的杨家沟又居住着四十几家地主群体。这是一个庞大的地主群，全是马家，五代同堂，几乎垄断了全县的土地。这样的地主家族的群居与垄断，在当时的中国也是少有的。

---

① 为了保护农民利益，边区政府颁布了"二五减租"条令。

米脂的士绅贺连城，后来当了陕甘宁边区政府副主席，他已成为名正言顺的绥米一带地主阶级的代言人了。

那时从上到下实行"三三制政权"。我们一起深入生活的魏伯当了米脂县县务委员会的主任，庄启东当了河岔乡（地主村寨杨家沟所在乡）的副区长，我因此也有机会在米脂县和杨家沟各种会议上充当了一名观察员的角色。

放足委员

缠足，是一个古老而又丑陋的习俗。如不知"缠足"二字，就不知"放足"二字的历史含义。

这是清末民初的事，"放足"再加上"委员"二字，另有一段插曲可言，不可不记之。

民国十二年，也就是1923年的暑假，陕北绥德师范有个叫高炎的学生放假回家，他就是后来那个有名的放足委员。高炎，这个名字就这么叫响了，后来有了"放足委员"这四个字，叫得就更加响亮了。

那天，高炎背着小行李卷回家，头上还打着一面大旗。大旗用白布床单做成。上面用红墨水写了"放足委员"四个大字。那就是轰动一时，谁也忘不了的那四个大字。

他一路上擎着这面大旗不算，回到家里，马上叫他婆姨放足，叫他妈放足，也叫全村大大小小婆姨放足。这面大旗和"放足"两个大字，一时闹得满城风雨。放足委员这个名字，也就这么远远近近传开了。高炎除了这件事，还有一些别的叫人发笑的事。你们外地人把他叫作传奇人物，咱们乡下人可把他看成一个奇人。你爱听高炎的故事，我就说下去……

说故事的叫马逢瑞。马逢瑞是个戴罪立功的绥德西川的特务头子，我因为"抢救运动"和他一起在保安部门相处了一年多。当年他和高炎都是绥德师范的同学，另外还有一个同学叫姬世道，他们三个人是绑在一起的好朋友。高炎的故事就是马逢瑞告诉我的。马逢瑞说到高炎和姬世道的时候，有着两种不同的感情。姬世道厚道、实干，是他愿意称道的。但他更欣赏高炎，好像在说，他干的自己不敢干，他干的也是我自己要干的，我干起来也许比他还漂亮呢！这种种跃跃欲试的感情之中又隐藏着他的不屑。就是说他可以这样干，可不屑于这样干，也不敢这样干。如同自己不敢放鞭炮，看见别人放了，自己也十分高兴。这样，他对高炎的叙述有些夸大也是难免的。任何人对自己喜欢的事物都会如此。因此，他也同时忽略了一些细节。细节是真实性所需要的，不过在这里的传奇色彩又掩盖了这个缺点。总的来说，这个故事只是一些片段，只是一些重要的或不重要的片段的连缀。读起来也许对某一片段会留下强烈的印象，但是整篇的感染力就差远了。我想如能得到姬世道的补充再好不过了，遗憾的是我当时没有机会认识姬世道这个人。

　　我也没见过高炎这个人，但从马逢瑞的叙述中，更确切地说由于高炎的行为和性格，他已为自己画了一幅肖像。我想高炎的肖像大概会是这样的。

　　高炎这个人有和善的一面，也有执着的一面。他执着起来甚至对自己也不讲情面，而且又执着得十分可爱。他的身量可能不高，晚上躺在炕上就呼呼大睡，因此他应该是个矮胖子。他也不大讲究外表，头发毛氄氄，脸膛黑乎乎。他浑身每个动作别人看来都带着表情，唯独脸上表情单调，而且叫人捉摸不透。他目不斜视，并非遵循古训，只是对什么似乎都视而不见，其实他什么都看见了。他对人不失尊敬，但到处都表现出平起平坐的样子。当然他不苟言笑，但也不是一脸正经极其严肃的人。他有逢场作戏的味道，也不能说他任何事都不经过深思熟虑。别人都认为他是不设防的，容易受人欺侮又多半是具有一颗善心。总之他又平常，又古怪。他最突出的一点是他做出来的事，别人笑他不笑。对了，凡是他做的事，别人都认为是可笑的，但他自己永远不笑。

据说高炎打着放足委员大旗回家那年，算是出够了风头。一个从州里最高学府回来的学娃子，穿戴整齐，上嘴唇还长出了一层黑魆魆的毛，居然敲起锣来，崖前崖后地大喊："妇女同胞们，放脚啦！都要放脚啦！"后来又加上一条：号召妇女剪发！以示彻底。

他也是提倡国音字母的第一人。全村也都推广了。他的婆姨女儿都放了脚，也都学会了国音字母，又可以用国音字母给他写信。

高炎不缺少青年人的朝气，既有革新精神，也是勇于实践的。按地亩收入看，他的父亲也属于地主乡绅之流。土地出租，也留下一些土地雇人自种。高炎能和伙子①打成一片，要不是自己有老婆，差一点就和伙子睡在一个炕头上。

高炎身体力行，他也能下地耪地。他把婆姨女儿都拉到地里去。他带她们下地，又要自己单干。地里的粗活他会一些，这是小时候跟他母亲在菜园子里学的。这就够他用的了。他凭着这个批评这支队伍谁干得好，谁又干得不好，大致也不会不公平。唯独不同的，他干得更科学一些。他下地带一把锄头之外，还带一把洋布伞，等到太阳转到头顶上时，他就把阳伞支起来。本来黄土高原雨水就少，这把伞每年用不上几次，现在派上用场了。他可以在伞下休息，也可以打着伞耪地。主要是为了打伞耪地，他一只手打伞，一只手耪地不是不可以，好像从古到今还没有人这样干过。又因为一只手打伞一只手拿不住锄把，他又把伞用带子绑在脊梁上，这样就创造了一种奇观。他的婆姨女儿不敢笑，连过路的人也不好笑出来。可是回到村子就不一样了。这件奇闻很快传遍了全村，全村没有一个人不笑的。他回到村

---

① 伙子：即长工、伙计。

子，人们见了他都奇怪地笑着，连小孩子和小学生也敢当面指手画脚地笑。但高炎自己不笑，他只当作没有看见的样子，仍然是目不斜视，走自己的路。

高炎根据科学精神，又进行了一次改革。在压瓜条的时候，他用五尺杆子，先量瓜条秧，再量土地，按着尺码挖出钵钵，再填上土。这是为了准确。家里人对此没有提出异议，因为他们估计费点时间不多，时间又是高炎个人的，如果真能结出结实匀整的大南瓜，也不算白搭工。高炎暂时没有向全村推广。他有自知之明，这不比国音字母，农业技术非他所长，他怎能和那些老农相比呢？

他信奉的格言是"让人一步自己宽"。他认为，双方都能抱着和解的态度，也就不都斤斤计较了。他在这一方面做得尤其好。

比如，有一次不到节日杀了猪，他摆上案子卖肉，给人称了一斤肉。多了几两，顾客怕他看错了秤，说："多了吧？"高炎毫不在乎的样子，说："五两六两不算啥，拿走吧！"

高炎最高雅最浪漫的日子还算是在学校和从学校出来当区长之后那段日子。在学校时，姬世道是他的好朋友，两个人亲密无间，差不多到了一个被窝睡觉的程度，在学校铺连铺地挨着睡，这是不足为奇的。不过有一天起床后，一个低年级同学捧住高炎的脸蛋亲了一下，从此他得了个"十字架"的称呼。为什么亲他，又为什么叫出十字架来，那谁也不知道了。有一回中午时光，姬世道在高炎肩上拍了一下，叫高炎随他出来。两个人拐弯抹角，走到一个地方，姬世道左顾右盼不敢说，又往前走还是不说，最后领他到了茅坑，姬世道才说道，今天是星期六，该是吃面条吧，高炎毫不在意，心里反而美滋滋的。

有一阵，高炎的新思想像泉涌一样，他对姬世道说："你看孙中山多吃得开，一个民族，一个民权，一个民生，他提出三民主义，咱们就该提三突主义，一突然革命，二突然成功，三突然建国。"后来他开了个三突书店，书卖不出去，又用麻纸写了三突书店减价广告，到处张贴。三突书店这个名字新奇，书店大减价也是新鲜事。贴了广告，效果仍不见佳，最后关门大吉。

只这件事，姬世道为高炎写道：

最三民　抱三突　寄三不朽
贺五权　爱五族　贻五洲

高炎和姬世道两个人的交情，不久就中断了。起先只为了一件小事，后来就各走各的路了。高炎先当区长，后来又当了联保主任，姬世道却走上了革命的道路。

这件小事其实是一个误会，可是它在两种势力之间也象征着两人的命运。正是他们上寨子的时候，高炎却要走亲戚，虽说不远，可是那边总是"红地"。所谓"红地"，就是红旗拓展闹土地革命的地方。遍地都红起来，只剩下县城和大村镇是"白地"，这些"白地"像是红色海洋中的孤岛。在"白地"，他们晚上都上寨子。有的有国民党部队或地主武装保护，有的早已投降了红军，上寨子也只是做做样子而已。姬世道知道高炎要走亲戚，就叫高炎带一封信。高炎不便推辞，也知道这种时候带信的危险性。他想到最好夜间走路，又想到一个点子。他找到一条五丈长的线绳，把那封信拴在线头上，另一头牵在他的手里。他听人说过地下交通常常是赶着一群羊，把重要文件藏在绵羊大尾巴底下，敌人不易发现，一旦发现，当事人是跑不了的。高炎自以为他的办法更加高明，也就是它能保护自己。只要一发现敌人，他首先可以把线绳扔掉，大不过这封信损失了，他本人可以保险没事。这回他满口答应了，也就是按照他的点子办的，他找到一条线绳，拴好信一路走去。路上没有遇到麻烦，他暗自庆幸。想不到的是当他走到村口收回那根线绳时，那封信却脱了扣，早已不知去向了。高炎并不着急，也没有回去找，甚至为了差一点完成任务而高兴。

即使不为这件事，他也和姬世道分手了。因为不久高炎当上了区长。他这个区长是可当可不当的，反正爹老子为他高兴，甚至全家为此吃了一顿喜面。

可是他出师不利，也因为他不懂得怎么当区长。当区长是1927年的事。那一年大跌年成，县衙门下文除缴税款以外还得收杂税若干。高炎说不出一个名堂，他既顶不回去，又怕摊派不下去，自然也就收不上来。县里找个借口把他找去了，也有人说下来几个带枪的人把他押去了。隔了几天，县里枪毙了贪污犯刘文章，这下子高炎吓坏了。他赶紧给爹老子写了一封信。信上说：你如要儿，赶紧卖地来赎，不要儿，就来领尸。爹老子接到信既惊又怕，不几天工夫就卖地六百元白洋，把儿子赎回去了。

又过了几年，高炎又当上了联保主任。那一阵风声越来越紧，全村又都上了寨子。这一回不是红军又来了，倒是大土匪头子史老幺把寨子围上了，围得像铁桶似的。寨子里鸡飞狗跳，一片叫喊声。这时有个叫周文治的，外号叫老奸，他对大伙说，不管怎么说，共产党好像是从另一个世界来的，土匪可是本乡本土的。亲不亲一乡人，你们说对不对？红军来了，有人出头，史老幺他不是三头六臂，为什么没有人敢出来见见他。据有人说，高炎听了心里服气，他自己心里也想，红军我应付过，史老幺有什么了不起，于是他挺身而出。他去见了史老幺，史老幺也派人来，双方来回谈判数次，每次都是高炎答应了，回来周文治不答应，周文治真是老奸巨猾。高炎暗中叫乡亲们把东西搬空，就是现在叫坚壁清野的那一套。后来史老幺知道了，说高炎学诸葛亮摆空城计，把高炎抓起来吊打一顿。高炎苦苦哀求："好老爷，我家有好几个大元宝，你派人跟我去取吧！"高炎两腿一拐一拐地领着土匪回到家里，先围着窑洞转了一圈，然后领到煤堆前面，说:"快挖吧!就在煤底下。"他是地主之家,那是一孔煤窑,至少存有一二吨煤。元宝是好东西,哪能不埋在煤底下。无奈,煤又太多,但是眼看煤要搬空了,也不见元宝的影子。高炎又说:"许是我老子挪了地方,炕底下可埋的有。对了,就是这盘炕,你们挖吧!"这些土匪不舍这口气,都不动声色,又挖这盘炕,挖着挖着,他的叔父悄没声走来,刚一探头,高炎忙着招呼:"这是我叔叔,他也有元宝。喂,你别忙走,挖了我的就挖你的……"叔叔吓得一溜烟跑了。这里,炕底下也没挖出元宝,土匪把高炎劈头盖脸地打了一顿,然后带他去见史老么。这时,高炎不再说什么了,走了一阵,他唉声叹气地自己咕噜道:"只怨我家老人太奸,藏元宝的地方都是他亲口对我说的,看他把自己的儿也糊弄了。倒是我叔叔是个老实人,他家也有不少元宝,你们让他跑了,不然我向他借几个送你们多好。"走了一阵,高炎对土匪说要上茅房。路旁有三眼窑,堵头连着园子的地方有个茅坑,前面土墙挡着。高炎拐进去,只听见狗一阵叫,又是扑通一声,等土匪进去看时,茅坑后面没墙,而是几丈深的断崖。那狗叫声是高炎装出来迷惑敌人的,扑通一声响,他就顺崖跳下去了。土匪没法追,向下打了几枪,咋呼一阵就走了。

  高炎走了一二年,没有人知道他的去向。形势变化很快。史老么由国民党高桂滋部队收编了。陕甘宁边区政府成立了。边区外边围着国民党军队,双方对峙着,也就相对稳定下来了。日子太平了,老百姓也有好光景过了。高炎的老爹土地卖了大半,收回来的土地不多,又实行"二五减租",只落下个地主的名,实在是大大不如以前了。周围的群众比他强,天天开会,个个心气十足。老爹佝偻着腰,只见他天天坐在磨盘上晒太阳,不言不语,仿佛还有一件什么心事放不下似的。果然有一天他的儿子高炎回来了。他说他是从定边来的,挺神气,居然是坐着轿窝子回来的。轿窝子一直来到窑门跟前,高炎戴了一顶巴拿马帽子，一身打扮也看不出是新是旧。下了轿窝子连声喊着："大，大，儿回来啦！"回头他对脚夫说："这就是我大，你们和他要钞吧！"他爹以为高炎发财回家转的。原来高炎在外面什么差事都没干，只做过半年小学教员，潦倒得不如一条狗，最后他不得不再回家乡。他怕走路，更怕一路讨吃，于是想了这个主意，借了一套衣服，雇了一顶轿窝子，一路上，吹吹呼呼，硬说他大是县里首富，路上一切用项由轿夫垫付，说到了家加倍奉还。

现在他到了家，把他从梦中惊醒了。他爹一文现钞也没有，不得不从炕洞里拿出那仅有的几十元大洋为儿子付了这笔脚钞，他爹就这样气死了。

高炎这人不忘本。他知道自己从来是为他爹活着，他爹是他的主心骨。他爹在，他就在。他爹不在，他这个泥人一天也活不了。不久，他也向这个世界告别了。临终前，他总结了自己。他说，我高炎也是中国人，但是我这辈子亏了，我打日本打不起，革命也没革成。

一个想当地主的人

一个时期，在某一个特定的环境里，结识一些人，其中不乏有趣的人，许多人都会有这种经历。几十年前有一阵我曾结识了一些地主、特务、土匪、大烟贩和一些地痞流氓等。这虽不足为奇，但也是我一生中特有的机缘。

我想只表其中一个人，他叫马逢瑞。他完全像个庄稼人，手粗脚大，臂膀有力，声音又粗又高，完全不像一个念书人。其实，他是当年陕甘宁地区有名的绥德师范高才生。他长了满脸青春疙瘩，可是年纪不再年轻了，至少三十大几，他有妻有子，服刑期间把老婆带在身边，这是对他的特殊优待。

在这些特殊人物中间,我对马逢瑞特感兴趣,这是因为他是高才生,但未成学者。他身在农村,但又不完全是农民。他有许多革命的朋友,自己却变成了一个革命对象。他有一个发家计划,也富有创业精神,渴望成为一个名副其实的地主。其实这可能只是个想依靠自力更生进而发家致富的农民愿望吧,但是他的这个愿望永远地落空了。这一点我实在为他惋惜。在我和他相处的日子里,我对他的惋惜又变成一种欣赏和好感。不管怎么说,与其观察一个地主,不如观察一个在努力奋斗成为地主而最终未能变成更大地主的人。这引起了我更大的兴趣。他和一般地主不同。

一般地主有如树林中的蘑菇,它是自然生长的。马逢瑞完全相反,就是说他打破了那个旧观念:地主不是从娘肚里生下来的,可以是经过努力,一蹴而就的。他有一个发家计划,写成了文字,这是一份不可多得的材料。我看了这份材料,认为这在当时完全是可行的,而且也是应运而生的。饶有兴味的是这个计划如果拿到今天先进的农户当中,可能也完全符合联产承包责任制下发家致富的标准。那么,在20世纪40年代的社会条件下就产生了今天80年代的思想和它的代表人物了。细细想来,真是不可思议。

这有真实可言吗?我说这完全真实。

为了证实真有其人,我得先说说我的这一段机遇,说出来,你就会相信了。我的这一段经历,从未对人说过,在我的自传里也一笔带过。即使在这里我也不想多说。那是1943年,我正在远离延安的绥德县义合镇党家沟乡任乡文书一职。

有一天县里通知我回县学习。记得仿佛是春夏之交,回县之后发了裤子,为了号大号小和别人换过。这个细节不可掉以轻心,它和以后发生的事有关。那正是延安整风运动、抢救失足者开始不久的事。一天在七千人的大会上,我被揭发了。

这只是一个万把人的小县城,不用说这七千人多半是从乡村来的。会场设在扶苏祠树林旁边的空地上。全县可能只有这块空地,讲台是临时搭起来的。群众依着山坡坐下,竖起胳膊喊口号,好像又是一片树林。会议怎么开的又怎么散的,我完全不记得了。仿佛大会是只为我一个人开的似的,有人喊了声"雷加是双料特务和汉奸",我就被揪上台了。接着是一片口号声,声音铺天盖地,真是天大的声势。谁是第一个发难的,我当时没有弄清楚。可是第二个人,却是一位女同志,她在大会上喊出了我的现行罪证之一,说我和某某人换过裤子,这裤子就是上面我提过的因号大号小跟别人换过的军裤。真不知道裤子和这件事有什么关系,但也立刻引起强烈反应。我觉得女同志总那么敏感,又是那么喜欢冲锋陷阵,各种场合中似乎是女同志打头阵的多。(20世纪)50年代反胡风时,也有一位女同志尖着嗓子同样用一件小事,企图揭发我和胡风的关系。至今我忘不了绥德这一幕,事隔几十年后,绥德还要传说我和布鲁两个人的名字。鼎鼎大名的布鲁是当地的保安处处长,他在当地陆续发掘出了一大批国民党的CC分子和复兴社分子,而我当时则因为那个特大的双料头衔而闻名。

当天晚上我这个犯人被关在一个窑洞里。那时我的爱人也在乡下工作,也被调上来学习,当然也参加了这个大会。那天晚上安排她住在我的邻窑,想必是招待客人的窑洞。犯人的窑洞当然要上锁的。第二天一早才发现一个错误,夜间上了锁的,不是我的窑洞,而是她的窑洞。也好,这一夜证明了我是一个大好的犯人,丝毫没有逃跑的想法和越狱的举动,而我的爱人显然出身清白,因此替我受点惩罚也不能算是什么太大的委屈。

马上我就被移交监狱了。这是一条山沟的尽头,山坡上一排排窑洞,前面用土墙围起来,又用重兵把守。一进监狱先剃头发,这对知识分子来说无疑是个终生难忘的下马威。窑洞里一铺土炕,炕沿是一排灰砖。一个窑洞三五人不等,又常常流动,他们不是窃贼,就是大烟贩。每个人都有一肚子风流故事，怕是一千零一夜也讲不完。我们每个人又都有一只特制的烟锅，这种烟锅的做法是在炕沿灰砖的上面，剜成烟锅大小一个窟窿，炕沿外侧再挖个窟窿，要小些。炕沿上面窟窿是烟锅，外侧的窟窿上面插上一根芦苇管变成了烟嘴。这种烟锅不用随身携带，可是又随时可用，用时很方便，不用时也看不出来这是个烟锅，任谁都永远也查不出来。

犯人审讯多在夜间，转移也在夜间。地委宣传部提审过我，县保安科也提审过我。县保安科提审时夜间都戴上手铐，以示警告。在县保安科时我的爱人送来一双毛袜子，那时还不算太冷，她的用意是在包毛袜的那张《解放日报》上。报上有一篇文章把北平一个学术团体说成是国民党的外围组织。她就是为了传递这个信息，才送来毛袜的。我知道了症结所在之后，处境也慢慢地好起来。中秋节那天晚上又传讯我了。我一听是喊我的名字，立刻捆好行李跟着荷枪的战士走，这次想不到进了宣传部部长的窑洞。窑洞里灯光明亮，写字台又宽又大，我的心情也跟着舒畅起来。我和部长两个人隔着写字台面对面地坐着，像在闲谈，完全不是审讯的样子。到后来，他打开抽屉，拿出两块月饼，我才想起今天是中秋节。他的脸上有一丝微笑，我的心也跟着快乐地跳着。他站起来，我知道不算审讯的审讯就要结束，他准备送我走。这月饼当然是他个人送给我的。为了叫我带走月饼，他从抽屉拿出一张白报纸。这张纸够大的，也真够白的。我自到延安以来从未见过这样好的纸。我从来都是最爱惜纸张的人，我抄稿子用的是从白区带进来的航空纸，眼看他就要用这张上好的纸去包那两块月饼了，我赶紧掏出我的手绢，用我的手绢代替这张白纸，这是唯一解救这张纸的办法。我推开那张白纸，把我的手绢抖开，可是，一个完全出乎意料的情况突然发生了。在我得到那张《解放日报》之后，写过一份假材料企图过关，为了避免以后的交代材料出现差误，又把假材料的要点用小字条摘录保存下来以备后用。犯人是无秘密可言的，想来想去我就把这个小纸团藏在这个颇大的手绢里了。看起来它只是一个团在一起的手绢，没想到其中藏着一个小纸团。但是，现在这个手绢在写字台上铺开了，灯光又是那么明亮，秘密暴露出来了。那个小纸团也好像情不自禁地跳跃起来，那位部长眼睛亮了一下，立刻伸手抓住那个纸团。这一次也像是七千人大会揪我上台那样使我感到极大的震动；也像那天一样，后来的事我什么也记不起来了。但是可以准确无误地说，不能辜负节日的好意，月饼我是拿回来了。包月饼用的不是那张纸，自然是我那条大而不当的手绢。那月饼还真甜得要命，真有节日味道……

这段经历现在回想起来，也像那块月饼一样，这是一个喜剧，而且韵味十足。如果一生之中再串演一次，我也不后悔的。

接下来是尾声，想不到那纸团倒为我带来了转机，从假坦白中验证了我的问题的真相。后来我被解脱，一度被调到保安处工作，一直到日本投降和第二次世界大战结束。在这一段时间里，我和保安处同志一起学习一起办案，有派遣，又收集情报，相处差不多一年光景。我也才有机会更多地同那些不同身份的人物在一起接触。马逢瑞就是其中人物之一。

下面记下的是马逢瑞自己的话，他说：

"你当我不知道你是干什么的？咱们能待在一起怕是运气还不错，这是缘分，但是现在谁也不相信谁。那一天念报纸，念朱总司令纪念他母亲的文章，你为什么哭得那么伤心。想是受了委屈？咱们都不能和大人物比。我这辈子无能，谁叫我姓马？俗话说：马善被人骑，人善被人欺。你看老丁，都说他是特务头子，说我也是。凭各种关系，对北边榆林地区搞破案搞情报，他行我不行。人家满肚子花花肠子，又满肚子墨水。够使唤的，名气也大。警区谁不知道他栾丁生。他为什么叫丁生，瞎子算命，说他命里缺个丁，就写上'丁'字，生丁不好听，就叫了'丁生'。我这个名字图个吉利，所以我叫马逢瑞，却一辈子不吉利，那就听我说下去。

"我念书时光景最好。从小学直到绥德师范，那时候我有二百垧地，人口多，够上个富农。民国十五年，也就是1926年分贫以后，又连着跌了两个年成，在外边分喂的牲畜退回来了，粮食吃净了，牲口也没剩下。家中不存粮食，又不存牲畜，倒借了二万块白洋。这是二百大几十块钱，每年也要出息一百几十。家道中衰，一下子就完啦。我父亲这个人有个买地的瘾。那时没粮，天天借粮吃，他还说只要明年夏天收了洋烟，今年冬天还得买地。他不想想收了洋烟，也得先还欠钞。那几年我一面受苦，一面学'兜搭子'贩牛羊和猪。1923年在地方上教书，1924年'土地革命'闹起来，学校解散了，选我当联保主任。我动身去宁条梁贩卖牲灵，1935年4月才回来。这时吴天昌、景仰山两个人办'肃反'，对我提出两个条件：一、参加肃反；二、办联保主任。我说，主任我不办了，至于肃反，我说我从绥德师范回家后就脱离关系了。他们叫我填个赤色群众登记表。因未'准'肃反，禁闭三天，并要求我答应干副联保主任。1935年6月国民党队伍实行坚壁清野，移民并村，都得向吴家堡转移。我们在吴家堡住了半个月，又集聚八个村庄的老百姓修寨子，修卧龙寨。那是打起仗来老百姓逃跑用的地方。寨子还没修成，想不到土方塌了，父亲和弟弟双双压死。我急得发疯，号啕大哭，又大把大把地往嘴里填土，吃土。最后，我找到大烟喝下去，然后躺下来，用一本书遮住面孔像是睡觉，这样用不了一会儿我就可以离开人世了。可是，我突然一阵恶心，呕吐不止，终于被人发现，又救活了。这时我也猛醒了，觉得一个人不到最后不可救药，还是值得活下去。

"周围都修了寨子，红军声势越来越大，修成的寨子也为的是应付。我们与红军在宁条梁见面碰头。一同商量了以下条款：一、我们不反对红军。二、红军可在周围进行宣传，但不要做在面子上（可以暗中宣传的意思）。三、让我们买十几支枪，表面上成立'剿共义勇队'。这样两便，白军也就不来驻了，我们自己上下寨子也可自由一些。

"我再说两件事。不论什么都有个茬口，做人办事茬口都很重要。红军在四周宣传，穷人'闹红'没忘了打地主，打来打去还拉票子。到底是谁拉的我不清楚，反正这么拉票子，和土匪差不多。我的印象从此坏下去。我说这可不像民国十八年我研究过的那个共产主义。

"第二件事我和我这边闹翻了。联保主任住大坡沟，我住小坡沟。他是正的，我是副的。他叫我给他老婆喂牲口挑水。我凭什么干这个下贱营生。辞了，不干了。联保主任咽不下那口气，对我只找碴子。1936年5月我一气住进了汤恩伯办的保甲人员基干训练班。受训三个月，派我当清涧保甲编察组长，怕事越陷越深，我就得了一场病，那也是装病，没上任。正好李鼎铭来视察学校，你知道就是现在咱边区选举出来的那个副主席来了。那个学校校长师伟俊抽洋烟，把学校糟蹋得一塌糊涂，李鼎铭叫我当起这个校长来了。

"一干就是三年，成绩不错，但是并不太平。1937年下半年，八路军陈奇涵带着部队到了绥德。我心中揣着兔子。因搞过肃反，心中日夜不安。那时司令部派工作人员马生海来到我家，我和马生海从前认识，他对我也挺谅解。这中间我还到司令部找过马明芳和李景波。马明芳在这一带很有名，仅次于刘志丹。李景波就是现在的地委的部长。那年冬天我思想上有些变化，我看出抗战胜利定属共产党无疑了……当时我确是这么想的，认识到未来是属于共产党的。但是事情也免不了反复。我在绥师学校参加过进步组织，我问过马生海，我说：'肃反分子有恢复党籍的没有？'马生海口气挺硬，他说：'不能。你们都是敌人。要不是搞统一战线，你早该消灭了。'我一听这条路绝了，我也死心了。谁叫我办保甲训练班时又参加了国民党的复兴社。我当校长时也是按着三民主义办的，一点共产党的味道也没有。我像关在笼子里的老鼠，这几年是东一头西一头的，到了1939年我的思想反动透顶了。1940年1月19日边区司令部逮捕了我，关押了二十八天。我完全坦白了，我人也垮了。回家以后得了吐血病，头昏眼花，耳目失灵。决定以后什么也不干，对各党派一概不理，自己在心里对自己说，但求个'苟全性命于乱世，不求闻达于诸侯'。

"那时家道更加艰难。1939年婆姨病故，接着几个姐妹出嫁，又娶了一个弟媳，把我掏得一干二净，这才想起应该振作起来，搞个兴家计划。你看过的这个兴家计划就是这么来的。

"兴家计划也是一步一步完成的。起初，先做纺车，只想到在乡村纺织这事是可行的。头一辆纺车我是按照教科书上的图样做的，先做了四五辆，自己纺，也叫别人纺，以后普及全村。但是我们家可是全体总动员，男耕女织，又开沟，又种树，我的兴家计划也就逐步完成了。也可叫作五年计划，我计划一步一步搞大，一步一步地实行。真要那么做下去，它不会不成功的。

"但是，命运捉弄无常。我忽然害了黑斑病，差点病死。全身肿，只有肚子没肿。但是，耳朵全聋了。我吃了四十天洋烟，每天吃三钱，戒烟那阵更加怕人。以后跑生意到庆阳做买卖。到了1943年7月共产党开始抓人了。半夜，我的婆姨说七个队伍上的人扛枪上了坡，我跑也跑不脱。这是子洲县派人抓我的，说我是子洲的特务头子，就这么到这里来了，咱们也凑到一起了……"

后来，马逢瑞同我谈过他到桃花峁破案的经过。案子虽然曲折，像推理小说，但不惊人。从略。

下面抄录马逢瑞兴家计划。唯其有个计划却没有实现，才更有历史的价值和参考价值。

附：

马逢瑞的兴家计划

A. 计划之缘起——端引

我是出身学界的一个人，过惯了规律的生活。一切的一切都依着表章纲领为指归。唯其如此，才能不逾矩，且收功倍之效。所以我觉得不惟在学校的征途上应该如此，就是凡百各业亦非有预定计划循之迈进，难能为功的。先贤说"凡事预则立，不预则废"就是这个道理。我又见一般人做事，有的有头有尾，步步合格，有的紊如蛛网。叩之前者则曰某事"先应如此，继当如此"。及今年某地种此，明年某地当种彼，不惟今年之田事有计划，即明年之田事亦预有成竹。这些人虽曰未学，吾必谓之学矣。他的成功必确切有把握呀！叩之后者，则不知所做何事，不惟明年之田事如何，即今年的田事也没有固定计划。好事者问他今年依之亩数多少，能种多少谷，多少麦，其他多少。每逢如此他必曰没有计算。这些人的做事虽幸而命中，亦不过盲者射标，竞年竞月，必偶一得呀！或者如总理孙中山说："不知亦能能行啊！但不知尚能行，设知之其及之易，行之速，当又倍于不知者之数倍且有把握呀！"所以总理又说："知之维艰，行之匪艰。"我自1929年离开学府以后，见我家中的一切，真是归去来兮田园将芜的样子。查之一切，始知囊囊俱空，家人向隅。窃自思之，我有地三顷（百余垧，三百余亩）余，荒芜者被人典质者六十亩。所余二百五十亩土地之收入，皆自力耕作，依十三人（大小十三口，有不会食者二人）平均之，每人有二十土地之收入。何患有桎腹之虞。唯存"知"字着想，细细地加诸考核，才明白犯了后者的毛病，弄得"人未尽其才，地未尽其利"，所以有今日之结果。因之才下了决心，对我凋残的家庭，从事于复兴的工作。所以拟订计划，分期完成。预计在十五年之中，做到足衣足食的地步。将家人的生活改善，棠棣子息无冻馁之虞，则我亦愿而乐之呀！我本非才，对社会国家无分寸之建树，然而对修身齐家的功夫，也尽了良心。抚心自问，总是国家的生产者，不是国家纯粹的消费者。至于功名利禄党派问题，早已抛之九霄不闻不问了。诸葛武侯出师表上两句话说："苟全性命于乱世，不求闻达于诸侯。"又如某书所云："采于山，美可茹，钓于水，鲜可食……唯适之安。"这些话就是我的座右铭了。知我者谓我残废，只解躬耕，不知者疑我胡求。总之我在国家改善人民生活条件下，做改善自己生活的自力更生者，别无他图。我以丹心耿耿，表里如一，疑我者，不谅解我者，异日当见真相啊！下边的几页，就是我兴家的计划了。阖家人等，当听我之号召而迈进，埋头苦干，十年后当有苦尽甘来之感哪！家人勉力呀，此序。

B. 发展之原则

"分工合作"才能收事半功倍之效。本诸分合之精神，从而耕啊，商啊，工啊，然后人生的需要——衣食（柴米油盐酱醋茶）住行，才能不皆仰给于人哪。固然不能一人兼数业，但于衣食住行四大需要中择诸一而发展之，而其他三者必之于人而后可。在求之于人的情况下，金融的漏卮又何堪设想呢？家庭是国家的缩影，所谓家国一理，我偌大国家百年来岌岌不能自存的原因，固有多端，然而列强经济之压迫，金融之漏卮，厥为主因。我家自戊辰1928年华北大旱以后，家务前途可谓每况愈下，每岁勤劳的结晶，皆供给债主的息金，竟然供不及求的样子。统计当时拖债三百元银洋，每元每月依二分半至三分总计每年出纳利息洋百余元。入项别无可考，唯有乡人，由谷中出之。计当米价七八角（1936年米价尚如此），仅利息一项计约出米十五石，才能偿清。又以地亩地粮，婚丧庆吊往来酬酢及穿着品料所需，非百余元之消耗，怎么能安全地度过呢？这百余元又得出米十五石才能弥补。全年约出净米三十石，酌租谷五十石之谱，才能出入相符。我家年耕地八十垧（二百五六十亩），岁丰的收入从未达到六十石，需出粗粟五十石。出入相较，十分之九，皆出纳入于外。兼之连年荒芜，田事歉收，虽二月卖新丝，五月粜新谷，剜切心头肉暂医眼前疮犹感不足，所以露肘捉襟，日渐困惑，几世几年之所积，未几而冰消雪化矣。无怪乎桴腹在陈之虞，屡迫眉睫，赖债情况，不期然出于自然，知我者谓我穷困，不知我者，谓我吝啬。在这种情况下，没志气的人未免中了人穷人不做之谚，而一败涂地了。然而我出身学界，粗知大义，君之固穷之训，拳拳服膺而不敢稍有一失，世人之讥我诮我，当含垢忍辱，一笑置之。唯从刻苦中做消极之抵抗，将来必有洗却当年一片羞之歌哩！总理说知艰行易，如今我家之穷困原因已探得矣，对症下药，当可以一剂回春。戊辰年间我家一败涂地之原因，厥为漏卮，故今为一良食耳为杜漏卮，所谓杜漏卮以保命脉，就是这个道理。杜漏卮之方法，就是躬耕自收，我需我出。简言之，就是自力更生。生活需要之大宗皆我出，不仰给于人哪！故依需要之轻重，厘定发展原则为工商三分七分农，就是依家庭之人力财力统计之，将全力十分之七从事于农业之发展，三分从事于工商（工偏重于织的方面）之发展。如此十五年后，定可转贫为富，愿家人共勉之。

C. 兴家计划发展的方针

"教""养""卫"三大项，是政府施政的对象。政府对人民施政的项目，不外这三个项目。这三大项目同时做得好，那么便可以达到家给户足的黄金时代了。唯其如此，所以对我家庭生活的改善，也拿着现成的三项来做起。在这十五年（1929年至1943年）中教的方面要做到：一、年龄较大者外，初生小孩起不论男女，均需读书六年。二、举家大小都要戒除烟赌。三、都要明白并实行朱子的家训。四、做自力更生勤劳俭朴的公民。养的方面：要从树谷、树树、树人三项政策着手。在这十五年计划完成后要做到：一、衣——衣帛。二、食——食肉，食面丰盈。三、住——除现有三座宅加诸扩充外，更重葺马家坞之旧宅院。四、行——前后通行之路，务求其宽敞平坦外，更于牛梁沟建立高二丈五尺，宽丈五尺，深二丈五尺之石桥，使之与马家坞联络一起，行之平坦，并于桥上加密一层，宽一丈高一丈五尺深二丈之石桥，石桥内垩白灰，前后左右四面有窗，作为家庭读书室。顶端再建一层，以砖瓦木石混合为之，尽顶两角嵌以兽虫。四担角垂以钟铃，以壮观瞻。内藏马氏支谱及本家五服之棂椸，以资纪念，此房名曰念祖阁，中层曰读书室，下层题额曰"扶凤桥"。此桥建筑易，因桥基皆有石磐。建筑费十分之二向族人募之（有念祖阁之关，募之亦理也），所余十分之八，可由我家设法之。卫的方面，要做到以室为碉，以宅为堡的境地，使少数匪不能得逞之。至于教的方面，应该教些什么，聘怎样的教师；养的方面，鱼池之构建，水电之开辟，积谷的办法，林木之培养，家畜之繁殖；住的方面，如建筑之计划和图式等；卫的方面，如娱乐场所之建筑，因有详文另述之。姑题此以做发展之方针和目标，庶免临渴掘井啊！

D. 发展之时期限起讫及区分

德国和俄国的兴起，各有他预定的五年计划，循诸而迈进之。因为他们有良好精密计划，所以他们进步的神速，非任何国家可以伦比的。国家范围的大小，不啻说固有霄壤之差，然而揆之于理，绝无二致。因之我不避丑女效颦之嫌，彻查家庭贫弱的程度，需时多少才可以恢复原有状态，可达之于足衣足食生活优越的境地，才定出这十五年兴家计划来。这十五年中又划出三个段落，每段落辖时五年。全时间计由1929年正月二十起，至1944年二月十九止，内分三段落。一、由1929年的正月二十起，至1934年正月二十为第一段落。在这段落中要还清拖债，故名曰"新生期"。二、第二段落自1934年起至1939年正月二十止，在这段落中，发展繁殖一切林木池沼园圃，并筹划建筑等工作，故此期命名曰"繁殖期"。三、由1939年起至1944年二月十九止，这段落为第三段落。在这段落中完成一切计划而迓于康乐，故此期命名曰"康乐期"。这期完成之时，也就是我生平所怀抱的理想的新家庭实现之日。此期后应怎样发展，都是我家后起者的责任了。

E. 发展的步骤

甲、新生期　1929年正月二十至1934年正月二十

专从养的方面着手

五谷——果腹

枣——五十株

第一年度

林木发展　桑——五十株

　　　　　杂木——五十株

工——学纺

1．源盛家偿还两家旧债

2．师道温

第二年度至第五年底　项目同，数字各异，从略。

乙、繁殖期　1934年正月二十一至1939年正月二十

（一）教的方面——在这五年中，初出世的小孩不论男女，满七岁时必须入校读书。

（二）养的方面——在这五年中，关于养的部门中所辖各节，均须使之发动而繁殖之，养的一项为全年工作中最主要部分，本期养之一项尤关重要。且述如下：

主业　棉试种，五谷余十石

副业　枣桑各五十株

小型工厂试用机械

工农

发展织丝麻及棉丝之混合品

做小型商店之基础与家庭工厂合立，偏重于流动之巢伞

第六年度

1．修建的沟子坪水路创建

2．着手修整马家坞

3．募化牛儿梁沟岔涵洞费

由第七到第十年度　发展方面每年有增加，创建方面每年都有新的项目。从略。

丙、康乐期

（一）养的方面

农——棉二百斤，余粮十石，枣十五石，丝二百两

工——举家妇女进工厂劳动

商——加重资本

第十一年度

牲畜——加驴一头

1．完成马家坞座宅整修创建

2．勘测横充老园之座宅

3．筹划娱乐场

由十一年度至十五年度　每年都有新的内容，从略。

（二）教的方面

在这期——完成之转年即十五年兴家计划成功之日，阖家人等在这期中除年龄大者外，都要粗通文字，延请老成持重之教师，如王承祖老先生，聘于读书室为西宾，一面教读，一面在工厂管账，诚一举数便哪。

（三）卫的方面

以室为碉、以庄为堡之原则，而扩充老园坪之座宅，并配以刀矛之类，使少数游匪不致得逞而抢劫之。

下附：鱼池图、牛儿沟岔之涵洞图，及老园坪座宅扩充图。

（皆略）

采访地主
——40年代在陕北采访开明士绅安文钦

这不能说是我第一次采访。可是采访一个地主，这可是第一次。

（20世纪）30年代初，在陕北进行过一次如火如荼的"土地革命"斗争，地主阶级从这片红色的土地上消失了。抗日战争统一战线，共产党实行"二五减租"政策，又使这些地主得以新生。这是一个仅有的机会。以后，在中国土地上地主作为一个阶级永远不再存在了。正是在这个特殊的历史时期，我访问了绥德县首富安文钦老先生。

在一些公开场合，我见过他。我想他不是一个难以接近的人。这时他已经在"三三制"陕甘宁边区政权中可以参加议政了。他是一个地主，他生下来就和劳动大众不一样。现在仍然是一个这一带最大的地主。过去的地主，有很大的权威，地主造成的压迫和痛苦遍及人间。每个农民对地主来说都是一个火药桶。地主当然也有自己的堡垒，虽说坚固，但很孤立，如同淹没在仇恨海洋中的一个小小孤岛。

1931年江梅生驻扎绥德，发生了"绥师"大屠杀案件。从此开始，红白对立愈演愈烈。1933年6月又闹出清涧分粮暴动，到了冬天继续进行抗粮抗租，老百姓见了讨租的狗腿子就杀。革命浪潮由北向南，后来又由延安一带葭县吴堡回荡。刘志丹从榆林中学进了黄埔军校，毕业回来从白军里拉出一个连队成立了红二十六军，他们猛力攻打地方上豪绅组织的区团。他们打了区团之后就成立赤卫队，下有游击小组。他们没有"洋枪"，但有马刀和来复枪。群众闹苏维埃运动，一边喊着斧头镰刀，谷穗穗，麦穗穗，一边分配土地。贫农会里有土地委员，委员问群众："土地怎么办？"众人答："分！"这是革命挣下的。他们的口号是："打倒军阀官僚豪绅地主！""打倒帝国主义！""平分土地，提高妇女地位，推翻苛捐杂税！"真如星火燎原一般，大地上一片片火焰，游击队走到哪里，红到哪里。过去他们受地主欺侮，现在人人争着加入组织，编入支部。只要一个村子红了，附近几个村子也跟着红了。穷人们互相紧跟串联，上午接了头，下午贫农会就成立起来了。由夫家到妻家，由叔伯到姑舅，一连一条线，由线又连成片。

当时，红白两地的界限是分明的。几个县城当然有国民党的驻守部队。绥德是真像一座孤岛了，但它更像一条船。它漂泊在一片红色海洋之中，既失去航向，又无一个靠岸的码头。安文钦是一名乘客，又是一船之主。所有船员又都是他雇用的。他受人保护，安文钦的收租人虽无伤亡，可是他的土地几乎丧失殆尽。虽然地契没有一片丢失，还都放在他的箱匣里，那些土地却已经不再为他所有了。另一方面，他又觉得自己无损失。为什么呢？在城里，在宴会上，在照常举行的一年一节的戏台上，他仍然占有一席之尊，他仍然有至高无上的地主身份。想不到，西安事变一棋落地，全盘局势发生了巨大变化。

这时地主们又凭着枪杆子收回了自己的土地。

进攻根据地的国民党军队撤退了，但国民党的党部和政权机构有的迟迟不肯撤离。葭县、米脂都有它的党支部。何绍南专员待在绥德城里领着不走的人，又办什么保甲训练班。在五家坡和李仙铭一带有国民党的驻军和办事处，他们时时都在和榆林联系，米脂城里洪济药房是公开的士绅俱乐部。一方面，地主们用抽地的办法打击新政权。地主们说迫于形势卖地，但是抽回土地之后却又悄悄租给了别人，使八路军的干部和群众无地可种。另一方面，日本鬼子隔着黄河打枪，河防吃紧，八路军驻军向何绍南借粮。他不但不给粮，反而在城里组织学生请愿，企图赶走八路军。这是1939年4月份的事。到了7月，贺晋年带领八路军接防，在米脂城墙架起机关枪，包围了国民党县政府。后来王震将军也开进绥德，揭露了何绍南盗卖白银案，1940年2

月29日何绍南终于不得不夺门而逃。

八路军实行新政策，使这些地主又复活了。绥米一带又恢复了它的繁荣面貌。

我到绥德的时候，王震将军担任警备区司令已经两年多了。

王震将军和这些地主相处得不坏。连他自己也没有想到当年南征北战，为了打仗建立根据地发动群众那一套经验，现在不再用得上了，今天用"统一战线"四个字来为人民服务了。

我也为了前一天拜访王震将军第二天就在同一个城里再去拜会大地主安文钦这件事，感到十分新鲜。

安文钦住在一排五孔大院子里。城里重要建筑物都背山而立，他的窑洞却在山的对面东南角上。这一次又证实了一条信念：凡是地主的宅院和坟地，都有值得称赞的景观。背山南立的地方望不到由西北流来的大理河，站在安文钦的岸畔上却是一览无余了。可能这里还有落日的美景可看。

石砌的窑面干干净净，既没有挂上一串串红椒，也没有窗花。窑里也只见迎面墙上红漆立柜，立柜上有不少像护心镜似的亮晶晶的铜片装饰。炕沿和锅台一律是用轻油和煤烟研磨过的光亮的黑色。厅堂里摆着的是古瓷和漆雕的细颈高瓶。这里讲究的是一排几口大瓮，上面还盖着清涧有名的石板。窑内这几种颜色搭配起来，显得庄严和谐。最耐看的那就是精工绘制的炕围了。这里，透露了生活的另一面。那是内在的，出彩的，又是富于浪漫色彩的。炕围上精心描绘了民间传说中的各种才子佳人故事。

安文钦生活得像个国王。他很少到乡间去，他几乎不知道他的土地都在什么地方。他的王宫就是绥德城。他有专为他开设的体面饭庄。这个饭庄又是他的俱乐部。一位理发师随叫随到，一位从河东来的西医几乎为他专用。他又常到图书馆去。他爱书，但并不常读书。他又偏爱那些圈圈点点的线装书。

安文钦在自己的窑洞里比在宴会上更加随和，这是因为他是地主又是商人。他愿意自己是个大财东，但他更加愿意自己是个大掌柜。他曾经去过一次天津办货，这次去天津办货的经历是他常常乐于与人称道的。我不能不说我们一见面就消除了彼此间的隔膜，那是由于介绍人李景波的缘故。他和李景波属于两个阵营，一个是地主，一个是共产党人，各走极端，奇怪的是两人又相知颇深。

根据李景波说，这一带1923年有共产主义小组，1926年组织过农民协会。有一个人曾在西川鼓吹创办小学，把村里的庙产收为教育局所有，李景波才有了念小学的机会。李景波说教他的算术启蒙先生叫"羊腿"，不是老师，因为他不会搬弄手指，却是用画羊腿的办法来计算加减法。后来李景波读过"北方红旗"，他贴过传单。李子洲先烈在西安牺牲的那一年，李景波年纪不大，是他把蓝布挽联由西安一路背回绥德的。因他竟有这么大的胆量，便被吸收为共产党员了。安文钦觉得亲切的是李景波娶了米脂杨家沟头号地主的女儿马树馨为妻。应该说这是革命的结合。马树馨很早就投身了革命。但是安文钦始终认为马树馨的地主血统是不可更改的。

雷加（以下简称"雷"）：你认为李景波可以成为一个学者，可是他今天当了地委的统战部部长，你觉得哪个身份对他更好？

安文钦（以下简称"安"）：这是两回事。他小时既有机会念书，当时能够念书的不多，自然可以念到大学。李景波若不到西安把挽联带回来，当年不参加共产党，我看他会成为一个学者的。杨家沟马家就有不少大学生，还有在外边大学当教授的。

雷：可是他又娶了个地主女儿。

安：现在都是各走各的路，杨家沟马家那些地主女儿都送到米脂中学，男孩子又都送到榆林中学。一个红地，一个白地，人心两半，依我说他们都是一脚踏两只船。有人说得好，男女不一样，女的爱积极，男的偏保守，天性如此。倒是杨家沟马醒民说得痛快，马醒民是个有见识的地主，他说："要治国，需要数理化，光靠政治不行。"米脂中学是共产党办的，只说政治，他说不行。他把男孩送到榆林中学，榆林中学数理化好。他说学本领，将来治理国家，正是为了爱国。我看这都是假话。我无儿无女一身轻，不管他们的事。

雷：你和他们不同。有人说绥德地主和米脂地主不同，你也这样看吗？

安：绥德地主好为商，米脂地主好为官。米脂地主人多势力大，早年有个马国士在甘肃做官，为人不错，和回民搞好关系。他判案不偏向汉人，不搞"二回顶一汉"，就是说不管汉民回民犯了法在法律面前一律平等。他这么做，闹了个"马青天"的称号。那一年，马国士正好奔丧回家，不但杨家沟一带没遭涂炭，连米脂县城也一个兵没进，都幸免于难。米脂向来重绅权，就是这个原因。有人问我，为什么一个杨家沟住了五十几家地主，那么集中，全是一个姓，不出五服，又各有各的堂号，又都是一个家谱。这是天时地利闹的，说起马家，还得从根上说起。米脂马家有川马、崖马和山马之分。相传当年马家山是山马，其中一支顺马家山走下来，那时马家不富，人穷了就到处走动。他们走到任家寺，觉得任家寺这地方不称心，因任字亦人字谐音。俗话说"马善被人骑"，不吉利，不行。又走到杨家沟，就住下了。这是因为马与羊为伴有利，既有草吃又不受害。五十家地主集中在一个村寨里不常见，也不稀奇。你想现在有人消灭地主，再早可没人喊过。有土地就会集中，就会产生地主，就像母鸡抱窝一样，一抱一窝有什么怪的？

雷：也许这是难以回答的。你肯定说地主将来可以存在下去吗？一个阶级应有领袖的话，李鼎铭算不算是一个？

安：我把自己看成商人，地主将来怎样，我说不上来。李鼎铭是副主席，这是边区政府承认的，也是选举的，我也投了一票。

雷：旧社会他是团总，群众的武装在他手里，有军权就有财权。军阀有大有小，他可算得上这一带的小统领。

雷：你能不能再谈谈米脂马家？他们地主世家抱成团是不是比较好？一个人孤零零的。

安：李鼎铭提出精兵简政，得到毛主席赏识这是值得大书特书。我不想再谈马家了。其实他们的土地全在绥德。常说的绥德的土地米脂的地主。

雷：听说马维新代表地主给边区政府写了一纸呈文。第一句话是：为呈请体恤民情减轻负担事……

安：这我看过了。那是写给边区林（伯渠）主席和李（鼎铭）副主席的。这正是我说的人多好办事。过去是摊派，穷人富人都有份。现在重点转移，有钱出钱有力出力，叫作"合理负担"。什么叫合理负担，穷人心里有数。地主们自己也知道肩膀上压的多了，自然要叫唤起来。他们人多势众才写这个呈子，叫我一个人可是孤掌难鸣。我说我现在是商人，不在乎这个。马家内部可不轻松。你想想看，五十几家地主，其中也有大有小，全乡负担多少，马家又负担多少，他们内部也得分摊一下。穷人和官人争，小地主和大地主也在争。你知道吗？负担面是个要紧的东西……

雷：你觉得实行"二五减租"到底好不好呢？

安：我抱的宗旨是自己活也让别人活。把土地租给穷人是让穷人活，地主收租子是为自己活。地租古已有之，地租多少也是古人传下来的。依我看世界上总有个少数人和多数人的问题。总是少数人在管理，多数人在劳动。不管谁都得劳动，劳动才有粮食吃。有人种地，还得有人管理。这是分工。管理的人总是少数。操心管理也叫劳动。劳动起来有勤有懒，勤的应该多得，一律"二五减租"依我看勤懒不分，反而不平均了。反正这是我过去的看法。现在我的地租收多收少，我一概不管。还是那句话，因为我把自己看成商人了。我不想当地主是诚心诚意的，商人有挣有赔，赔了一身轻。地主可不同，一立成分就是无期徒刑。我觉得烦恼的不是土地本身，而是土地给我带来的那些烦恼的事。地主哪有伙子好，耪一天地吃上热馒头一躺就什么也不想了。

雷：我从穷人嘴里听了不少刘志丹的故事。地主们又是怎么说他的？

安：我没见过刘志丹。你为什么叫我说我没见过的人？再说死人没有谈头。谈死人不如谈活人。依我看现在的王震就是过去的刘志丹。两个人是一个模子脱出来的。不过，一个死了，一个活着。好比一个关在黑屋子里，一个房间里有太阳。除此之外，两个人都一样。他们都拿枪打仗，都为穷人办事，共产党也都把国民党军队当作运输大队。1935年他们在瓦窑堡消灭高桂滋一个团，扩大了不少队伍，以后他们陆续送枪送炮。一红一白，这一个就是仗着另一个发展壮大起来的。

雷：问题不像你说的。我看两个不一样。

安：怎么不一样？

雷：你也看得明白。一个打日本鬼子，一个不打。不打鬼子他们安营扎寨干什么？

雷：我想问问，何绍南是国民党的官，前几年他在这里不走，为的什么？

安：这还用问，过去这里是他的地盘。

雷：他占据这个地盘为的打日本鬼子吗？不是的。你比我更清楚，何绍南那一阵干尽了坏事。

安：一个巴掌拍不响。这是共产党当时给他留了活路，那叫作"统一战线"。你们自己也这么说："一切通过统一战线。"不然何绍南怎能活动得开？

雷：这叫钻空子。不，老百姓最公正，老百姓说何绍南做得过头了。是他自己不给自己留后路。

安：你说什么，我不明白。

雷：两年来何绍南做了些什么，你当然知道。第一，他把持政权不算，把新政权民选干部排挤出去，把各抗救会搞成了空架子。他组织过"黑军暴动"，又组织"石头队"，实行精干政策的目标是搞情报搞暗杀。从"土改"以来土地像是一张烙饼，今天从地主手中扔给贫农，明天又从贫农那里回到地主手中。八路军接防时，向地主手中要回了一些土地，何绍南时代又收回去了。他组织过学生请愿，口号是赶走八路军。他另一个口号是：打通黄河路线，消灭共产党。仿佛警备区和八路军占了这块地方才妨碍他去打日本的。那么在全国喊出"不抵抗"是谁？又是谁一直后退摆下华北大片土地的？他也不想想，若是没有八路军在绥米一带顶着，日本鬼子早就过黄河了。那一阵鬼子在黄河那边打炮了。八路军为了打鬼子向何绍南要军粮，何绍南他不打鬼子又不给八路军粮食。这一切都是你看到的事实。

安：我倒看不出最后谁真正能打败鬼子。国民党可是有几百万大军哪！

雷：你知道八路军在敌后方又有多少抗日根据地？

安：总有前后方之分。我不担心咱们的前线和敌后。咱们的大后方也真够大的呀！这好比坐在一个圈椅里，那么大的大后方真够稳当的啦！

雷：看来合作是重要的。没有前方就没有后方，只有后方没有前方也不行啊！

安：我这个人爱说实话。依我看今天就合作得挺好。有的人向左转，也得有人向右转，这样才能站到一起。我很知足，叫我"二五减租"我举手赞成，这是我向左转。政府提出统一战线，这也是向右转哪！我这人讲实在的。有人也把我叫作贴金革命，你明白我的立场了吧？

雷：什么叫"贴金革命"？

安：真有这么一个人叫贴金革命。那人叫李玩习，住在桃镇，一个真正的二流子。他自己没有做什么革命工作，他也不会做，但是他对待做革命工作的人好。凡是遇见闹革命的，又是留吃饭，又是招待住处，真是无微不至，自称是贴金革命。为了掩护公家人，白天他把房门倒插上，屋里还给放上尿壶。他也常常跟上公家人一块出去，有时装成贩羊的，有时又装成驴贩子。他为地下工作人员做了掩护，又赚了钱。我没有他的本事，可是我现在做的，说真的也够得上一个贴金革命了。还是我刚才那句话，一些人向左转，另一些人向右转，方向就一致了。闹革命不就是这么一回事吗？

雷：你自己说的，你不是地主。刚才你说的这一套可像个商人讨价还价似的。

安：我愿意自己是个乐天派。商人也罢，不是商人也罢，先说说我这个人吧。我有我的格言，我有我的为人之道，我有我的标准。我安文钦会说，别人也会说，在于敢不敢说，能不能说到点子上。其实我安文钦没啥思想，只知在一方负一方责。我不加入国民党，也不加入共产党。……有人问我有一个党好，还是有两个党好。我说一个两个都可以。只有一个少闹事。有两个也不错，可以选择，也可以等待，让人们看个够，看看到底是哪个好。反正得有一个政府，政府就是国家。国家是头脑，它懂得人民需要什么，人民自己是不知道自己需要什么的。新社会旧社会比起来，旧社会我不满意，还是新社会好。旧社会有娼妓，新社会没有。这个我考察过了。这是我的标准。我说小城市比大城市好。我还说买卖人比大少爷好。那年我给老人打棺材，买了七八斤漆，请师傅吃饭，他里外漆了七遍，五天就干完啦。可是还有一个高家，用了二十斤漆，干了十几天，棺材还没漆好。高家问我为什么，我说你是大少爷，我们是买卖人，你去掉少爷就省啦！这个买卖人也不怎么样。那一年我去天津中原公司办货，他们叫我安老爷，不叫我安掌柜，我心中盘算是因为货物开的价码不对。你想"老爷"哪有不贵的？买卖人坑的就是老爷，所以我什么也不买。有人问我为什么不买。我说货通通都贵，只有老爷贱。

雷：这么说，你命里还是老爷，不是买卖人。

安：不，我还是情愿做买卖人。你知道今天这个社会工商政策多么优惠。再说，什么叫买卖人？赚了钱是买卖人，一下子赔光了也再不是什么买卖人了。可是地主不同。地主在娘肚子里就定了成分，一生下来一辈子都是地主啦！

1989年9月7日整理

一次"突击"

一次突击,一个转折,一次生命的飞跃……

一个人一生中称得上突击的行动,不会太多,1945年9月我在绥德和延安之间的那次"急行军",算得上一回了。

9月某一天我在绥德地委院里,看见朱总司令发布的向全国进军的命令。我肯定这个命令里也包含着我。

于是我到地委组织部提出申请。他们说:"这得回延安办理组织手续。"我说我去。他们又说:"东北干部队已经由延安出发,你来不及了。"我说我赶得上。

当时年轻,我又轻信一切,甚至也轻信自己的力量。

我由绥德动身回延安,一天赶一百多里路,走的是小路。天不亮起身,天黑才歇,连中午打尖也是走着吃的。小路抄近,省下的时间都是我的。我和自己赛跑,实际上是和时间赛跑。最后一天,我在路上遇见了东北干部队。这是他们第一天从延安出发。我心里的火苗蹿得更高了。这时,我坚定地相信一定要回绥德,和他们一起从绥德向东北出发。

我在中央组织部办了手续,又在文化协会住了一晚。休息体力是必要的。杨朔不住地和我讲"八一五"那天晚上难忘的延安的庆祝活动。他年龄比我大一些,我忘了他为什么没有走,像是他喜欢狂欢的庆祝胜于一切,这使我更加心急如焚。

在我回程的最后一天，我终于赶上了东北干部队。对我来说，这也许真是我一生中一个关键时刻：要么赶上这个时代，要么就干脆落后一个世纪。我可以和东北干部队由绥德一起出发了，要不，我会悔恨一辈子的。东北干部队中有我不少年轻的朋友，去时在延安附近会面是一喜，这次又在绥德附近会面，更是一喜。他们为我这样快赶回来欢呼，又为我能同他们一起出发欢呼。可是，我刚一坐下，就站不起来了。像是发痧又不是发痧，我又呕又吐，身不由己……我没有走完最后二十里路。我是被用驴子驮回绥德的。竟拖上了一条不光明的尾巴，这是这次突击美中不足的地方。但是，这毕竟是我一生中不寻常的行动，从得失上看，它还是成功的。我仍然坚信我的体力，我相信我能够很好地完成这次进军的任务。这也因为我从前有过一次锻炼：1938年我曾经到过前方，那次也是徒步行军。从山西到河北，从晋察冀边区到冀中军区，历时半年。这一次向东北进军，将比上一次路线更长，要几次穿越长城，又要跨过热河无人地带，再经锦州到沈阳。这一路我一次没有病过，甚至可以说两条腿健步如飞，在和国民党用汽车飞机运送接收大员的这场竞赛中，我们这个革命队伍绝对没有落后。看来，我这次由绥德回延安的"突击"，直接变成这次大行军的前奏。

1985年

不能对生活骄傲

农民的收成，一年一个开端。我们在生活里耕耘的文艺工作者，每一天都会有一个新的开端。

十年前，听了毛主席在延安文艺座谈会上的讲话，我开始下乡，决心从乡文书做起。这总算有了良好的开端；不过，自以为已经是个十足的小学生却错了。

直到今天，生活教育了我，我才知道我当乡文书那一阵还不算一个小学生。只不过刚刚学习怎样才能做一个小学生——那只是幼儿园里的头一课。

三年后，我转入了企业。从辽远的陕北农村，到了辽远的鸭绿江边的轻工业城市。我一连做了五年厂长。

这又是一个开端。

不能不这样啊！管理企业，是多么生疏的事情。

"群众路线""批评与自我批评"，嘴上说了好几年，真正使用它也还是头一次。可是，我必须一刻也不犹疑地投身到新的生活中去，到火热的斗争里去。这里将是几千人意志集中的地方，这里将要出现劳动奇迹；同时，这里也会遇到困难和失败——它们也许是一个连一个接着来的，又必然都被克服，只要想到自己，也将要站在机器旁边，同围着油布的工人、擎着铁锤的工人一样，为优等成品而喜悦。

新的感情，不断地产生，这是由于人类酷爱新鲜事物而来的。新的品质，也不断地产生，这是由于不断产生的新的感情哺育着它。新的人物，也因此在天天生长。

我在的那个工厂，是一个彻头彻尾的日本厂。"八一五"以后，一部分溃退的日本关东军麇集安东，他们又都住在这个纸厂里。十四年的奴隶年月过去了，他们还要再来忍受四十五天日本厂主的统治。头一天区长就向我介绍道："这里是死角里的死角！"工人终于战胜了黑暗，从奴隶地位上站起来。他们第一次走向人间，走向光明。他们用满腔的热血呼号，声音不高，并且颤抖。这声音，它给自己人以无比的生的鼓舞，对敌人却是最沉重的一击。

我第一次站在扩音器前面，听着对旧社会控诉的，正是我们工厂的工人，正是这种声音。当时，我感动得心向下坠着，眼里噙着眼泪。

不久，我走进原料切断车间。他们忘我地劳动着，我来不及赞扬之前，为了他们不戴口罩，不得不责备他们了。

车间主任是个四十上下的人。我现在还记得他。他的眼睫毛、头发被麻屑和尘土染成黄色，却盖不住他的愉快的脸。他由口袋里掏出口罩来："我们放在口袋里啦！你看……伪满没有这个，那时候有这个我们早戴上了！"我不明白他的意思。"这还用说，"他笑眯了眼睛，"但是今天戴上这个又嫌不好干活，赶任务嘛！"为了这个，我还是责备了他们。这责备，我知道不同于任何责备，越是严厉，越渗透出新的感情。

主人翁的感觉，在任何人身上都会透露出来。最初表现在一件平常事件上，一个不引人注目的合理化建议上。当主人翁的感觉，成熟地、丰满而又突出地体现在一个人身上的时候，这便产生新人物了。

一个劳动模范，便是新的人物。他在工作中是用秒钟来计算的，因为他对祖国，把自己的生命每秒钟每秒钟地贡献出来了。

有一次汽车库失火了。汽车库不大，是临时用木板搭成的。它的上面是高压线，旁边是成品仓库，而汽车仓库里还有三辆卡车和汽车零件。听到警钟的人都跑来了，多得可以把汽车库围上八层。一会儿工夫，所有汽车都抢出来了。为了高压线和成品仓库，必须拉倒房架。"快下口令吧！快些拉倒它吧！""一——二——"但是，还有工人在里面抢运零件，火在熊熊地烧着，他们如何听得见呢？"一——二——"口令传开了，大家拉着铁绳，呼号的声音遮断了一切，那两个工人万一出不来，怎么办呢？这时，一个青年团员跑了进去，那两个工人刚刚爬出来，房架被拉倒了。青年团员光荣地完成了自己的任务，把两个工人从危急中救出来了；可是他自己，却被掉下来的带着火焰的梁木，打伤了腰。

这种高贵的、忘我的品质，什么时候，又是哪一个合理化建议在他身上撒下了种子？每个人都会记在心里的。

一个工人，头一次在会上站起来批评什么人和什么事情，这是他的主人翁感觉，开始觉醒了。

一个车间主任，把一件事故责任推在运转工人身上，但是当他向上级汇报的时候，又不能不检讨自己对这件事故应负直接的责任，这也是主人翁的感觉，开始觉醒了。

一个提拔起来的科长，在新中国刚成立时，工人们分配剩余的配给品，当时有长工短工之分，短工分得少，他们集合起来，为了新中国成立后还有这种不公平的待遇不满，这个科长曾经支持了他们。后来，我提议采用这批短工进厂。科长不赞成这个提议，他说唯有那个带班的不能采用。在我的印象中，这个人在斗争中算是表现得最好的。但他说："件件事他都在浑水摸鱼，他在伪满是个工头哇！"

这话最正确不过，因此我觉得，科长现在才真正变成工厂的主人了。

似乎，有人不注重合理化建议，这比在会议上拒绝一个正当的意见还要无知。似乎，也有人只把合理化建议，当作发挥机器潜在力的代名词。我却认为，凡是合理化建议多的地方，它更雄辩地表示着，这里首先是"人"的潜在力的存在。

难道合理化建议，就是工矿企业的全部吗？

今天，我认为至少它是工矿企业中极重要方面的概括；昨天，我还不可能这样认识。

昨天，我只把合理化建议，看成技术性的提案。从图纸上，数字上，可以看出它在生产上引起的变化，这给予厂长无限兴趣。但是一个好厂长，却应该与作家相近似。他应该透过这个合理化建议，看出这个工人过去的生活和今天的生活，他家庭的生活和工厂的生活。这个工人如果是个木匠，他过去的师傅如何教他那套"尖""角""缝口"的技术？又如何为这粗浅的手艺折磨他？他的师傅是个什么样的人，用尺杆子打过他的头吗？这个工人今天在工厂里怎样带徒弟呢？他是否把一张草图交给徒弟说："你在上面找错吧！找出一个错一两花生。"一共买过几两花生呢？这个工人家庭生活和睦不和睦？有一个儿子还是两个儿子？他们的志向是什么？这个工人在家里喜欢养花吗？在一个娱乐晚会上，他能来一个口技的节目吗？他提合理化建议那天晚上睡得好不好？这个合理化建议，他在厂内同谁谈过，遇着打击没有？合理化建议如果成功了，他会骄傲起来吗？如此等等。

过去我描写的工人，没有灵魂，这是我自己缺乏艺术灵魂；我把工人写成了枯燥人物，这是因为我自己生活不够。

我曾谦虚地说过："五年工厂生活，暂时告一段落吧！让我来写吧！"其实，这是最不谦虚的。生活本身又重重地教训了我一下。

我曾描写过一个工人干部。他为什么这样好呢？他的力量从何而来呢？我这样描写他："……他原是抄纸车间的工人，性子直爽，胆子大，和日本人干过死仗。曾经被开除过，直到那个日本工头'入伍'，为了他的技术，又被请回来。从此请字不离他的嘴。他说：'不请我还不回来呢！'后来，他变成了反对日本人的头儿……"

且不说这一段描写如何不真实，即或有过这样的人，这样的事，也绝没有一点点典型意义。这种艺术形象，多么贫弱无力！从这里可以看得出他为什么要勇往直前的力量吗？为什么一定要相信，这种无来由地和日本人干死仗，就足以感动人呢？难道这个工人干部过去的生活，被形象化的结果，只剩下"干死仗""开除过"这六个字吗？

这次下厂，我又遇见了他。我同他晚上一起从工厂里回来。他累了，领我在台阶上坐下，眺望着远处的工厂夜景。灯光像星星一样闪烁，烟囱在月光下竖立着。这个工厂经过解放战争和自卫战争，这里的工人受过帝国主义和官僚资本家的压迫，今天，工人阶级变成了国家的领导者，为自己展开了由新民主主义到社会主义祖国的远景。工人在为每小时的生产量而奋斗，我知道他现在的庄严的心情。但是，他却像回忆起了什么，小声地对我说："你还记得那年……那只小手吗？"

我记起了，那一年我同他一起参加了农民诉苦大会，当时有一个贫雇农叫胡永祥的在诉苦。我清清楚楚记得这个农民的话："我从小扛年活……二十八年，四十石押头十七石租子，我拿不起押头，给地主出了欠帖……第二年我出了门……第三年我又回来，地主叫我修烟囱，误了几天，扣我的工钱，冬天算账，劳金扣得一个子也没有啦！我们爷仨大哭一场……第四年，我又出了门，在外受的苦，回来一个字没敢说。我父亲说，你出去要把戏一年，回来什么也没有，你妈要着吃，养活你老婆和孩子。我说，快别说了。父亲急了一个双眼失明。我媳妇说了一句宽心话，把她从娘家带来的两件衣服，换了几升米……第五年，我和父亲说，你们再要（饭）吧，我还得出去。出去做大工。这一年抓劳工，每家要草绳子，一百二十斤，我回来连夜赶出来，交上去。正赶上我家的养孩子，她说，我累赘你，你也遭罪，养孩子连个鸡子也没有。第二天，我去买了二斤小米，我做出小米稀粥，她舍不得吃。后来她也病了，我喂了她八天饭，她的病一天比一天沉重。我一狠心，把小团子抱出去，扔在山沟里。回来我又服侍老人，我问妈，你怎么样，她只能哼一哼。回头我看见院子里来了一只狼，把一只小手掉在院子里了，我出去捡起来，一看，赶紧闭上眼睛，放在口袋里，回来忘了，我大孩子那年六岁，害冷，偎在我的怀里，他从口袋里掏出了那只小手……我就抱着它（也抱着他——六岁的孩子）哭起来，把我家的哭醒了，她问我哭什么……"

当时，全场人都哭了，胡永祥报告不下去了。哭的声音刚一收敛，不知谁又勾起伤心事，痛哭起来，别人也就跟着他又哭起来……

现在我想起来了，这个工人干部从头到尾都在哭，伤心地大声地哭着……

现在我懂得了，他和旧社会之间，结着一条生与死的纽带。在他的过去，也有过绝望的呻吟、悲苦和燃烧着的仇恨，却不是什么毫无生活气息的"干死仗""开除过"所能轻率形容得了的。

只有共产党才能唤起他这样明确、有益于广大群众生活的阶级意识，使他正视了"一只小手"的旧社会的罪恶。他的仇恨这才具有翻天覆地的力量，把旧社会连根拔掉，至于什么仁丹胡子种种丑恶外形，早一阵风吹光了。

这时，在他面前展开的宽广的道路，连着天边云角，万里无云，尘土不扬，充满了阳光和胜利进军的音乐。

他的灵魂在共产主义怀抱中被解放之后，他的整个生命，除了热爱光明和新世纪的生活，再不能有别的。这是人类爱好劳动伟大天性的觉醒。

五年之后，我又重新认识了这个工人干部，我的朋友，我的主人公。十年之后，我又重新认识了毛主席延安文艺座谈会讲话的全部真理。我又找到了新的开端，生活告诉我，无数个开端之后，又必须重新开端。只有好好地生活，不对生活骄傲，才能开始做毛主席的小学生。虽然还只是一年级的小学生，如果骄傲了，不认真地去生活，恐怕也还是一个得不到五分的一年级的小学生呢！

1952年5月

多一种艺术多一种美

我1942年从延安下到绥德、米脂一带工作，那时还没有下放两个字。当时年轻，就老老实实地下去工作。最初我从白区跑延安，有一种追求革命的理想，但是还不知道怎么革命，怎么工作。首先遇到的问题，就是如何深入到群众中去。群众路线，就是坚持"从群众中来，到群众中去"。应该从参加革命开始，一直到老，不忘这十个字。现在好多人忘记了，不到群众中去。离开这十个字，是要变成孤家寡人的。我们搞文艺工作的，也有一个怎么对待生活的问题。你要不脱离生活，就不能不干预生活，不能不接触生活中出现的问题，不能不对生活中的问题进行分析、判断。搞文艺工作的，既要学会一般的对待生活的问题，又要学会从生活里边吸取营养，反映到作品中去，并教育群众，为人民服务的问题。但前一阵子，怎样认识和评价生活，怎么对待生活，有的人是有不同意见的。现在是不是应该开始考虑深入生活够不够？因为生活是艺术的源泉。我们搞文艺工作的人，没有生活只有技巧，恐怕不行。当你设想一个主题，看起来很好、很高，但是没有表现这个主题的生活，没有表现这个主题的情节，人物没有，细节没有，那怎么能表现主题？所以一方面提高写作技巧；另一方面还要想到生活如何。不是像现在有的人说的，深入生活是骗人，我随便弄点就可以写一辈子。这话对不对？也可能对，对他来说，是对的。也许他的生活真是多得很。他可能比高尔基的生活基础还厚。高尔基跑遍了整个俄罗斯，流浪汉、女乞丐、小偷他都接触过。我们能和高尔基比吗？我就比不了，因此对我来说，深入生活是非常重要的。我一直没有脱离生活，从1942年到绥德、米脂，回到东北以后马上跑到工厂，不下去不行。我到过前方，积累了一些素材，很快就写得差不多了。在陕北农村待了四五年，我也写了几篇，叫我再写就困难了。当然马马虎虎写还可以，但是要写文艺作品，就那么一点生活是不够的。我到工厂一干五年，那时候年轻力壮，无所谓，一天工作十二个钟头以上。生活不骗人，它总会给人一点东西的，只要努力，有点文学修养，就会写出作品来的。因此，我就写了《潜力》三部曲。其实我那几本书成就不大，只有那么一点生活气息，这一点我就满意了，因为至少里边有生活。后来我就一步一步往前走，沿着生活的道路往前走。现在的时代和旧社会不同。旧社会沉积了多少年，它的各方面、各种矛盾，暴露无遗，何况，又有那么多好的古典作品可以借鉴。我们今天，又有个"迎头赶上"的问题。因为现在生活变化快、进度快，这一段还没有捉摸透，噢，一个新的东西又来了，就得跟着向前冲，能跟上去就不容易。这就是说没有生活，没有生活体验，能写吗？现在有些人在那儿编故事，没有生活还要写，只能编，全不是生活中的东西。假如你写的东西，情节、人物是从生活中来的，就会有分量，也才会饱满。如果没有生活底子，写出来的东西就苍白无力。一个画家，画人物，画山水，他也要经常深入到工厂、农村，还要常常戴上草帽到深山大川中去，搞速写，搞素描。作家也一样应该下去生活，然后进行创作。艺术创造，必须源于生活，才能高于生活。这也就是艺术的真实和生活的真实这两者之间的关系。总而言之，艺术创作从生活中来。如果不从生活中来，也就没有艺术的真实。没有艺术的真实，也就不能感动人。

　　生活的美和艺术的美是一致的。我们生活中有许许多多美好的事物，我们的艺术为什么不追求美？美要单纯！最基本的条件是要单纯。世界不少著名作家就谈到生活和美。

屠格涅夫说:"生活就是一切艺术的永恒的源泉。"这和毛主席所讲的生活是一切艺术的源泉是一样的。他们的话是符合文学的规律的。

艺术是什么?美又是什么?

法国的雨果说得很明确:"文学的目的是人民。""艺术是为了进步。"有些东西你看了以后,能使你向上,不是使你消沉,这就是好作品。他还有一句话:"多一种艺术,就多一种美。"

18世纪的法国女作家乔治·桑说过:"这并不改变我的看法,艺术应当寻求真理。艺术并不是描写罪恶……因为社会一直存在于某种秩序之中,罪行不受惩罚的也不太多。"简单讲,艺术不是描写罪恶。就是描写罪恶,也是为了怎么改善这种东西。单纯去描写一种罪恶,又有什么必要呢?现在我们一些小说里头,有许多就是单纯描写罪恶的,这样的作品可以不可以发表?也可以。但是有些人是不愿意看的。这里我们应该阐明一种思想:真正的艺术不是为了描写罪恶的。

俄国的评论家车尔尼雪夫斯基有句话:"任何东西,凡是显示生活和使我们想起生活的,那就是美的。"任何东西包括文艺作品,凡是显示生活的,或使我们想起生活的,都是美的。这思想很明确:要美,追求美。我们搞文学创作的,应该创造美,必须创造美,要给社会增加美,否则,文学作品就没有存在的价值。

雨果说:"飞鸟和船相反,只有逆风才飞得好。"我们知道鱼是游逆水的,越逆水游得越好。"诗歌就像飞鸟,正像古人所说,诗歌是有翅的神。"雨果又说:"当我们以某种方式来感受诗歌的时候,我们情愿它居于山顶或废墟之上,屹立于雪崩之中,筑巢于风暴里,而不愿它向永恒的春天逃避。""我们情愿它是雄鹰而不是燕子。"冈察洛夫说:"我心中经常有一个形象,同时还有一个基本的主题,就是它在引导我前进。"作家没有形象，没有主题，就不能进行创作。作家不只是精神高尚，有伟大的胸怀，还要为了一种神圣使命，为了群众，至少要使群众得到某种道德上的教益。一个作家不仅有生活，而且要有创造美的愿望。我们要有充实的生活，要逆风而飞，不然他就不是"有翅的神"；不能逆风而飞，他就不是雄鹰，只能向"永恒的春天逃避"，完不成诗人的使命。一个作家要想有成就，要想在这条道路上摸索前进，那是很艰苦的。要想达到一定的水平，要想突破，有点像跳高运动员，他一个阶梯又一个阶梯，高度和难度相连，哪怕再增高一分，那也要费很大的劲。我们出国的运动员，要夺回金牌是不容易的，我们搞创作的同志要写出一篇好文章也并不简单，都需要努力，需要基本功的。

文学创作要不要基本功？就是说当一个作家，怎么才有当一个作家的条件？条件是什么？有许多人写第一篇文章的时候，写得不错，甚至写得很好。他写第一篇时，他是把所有的感受都化进这一篇里边，但是第二篇就不怎么好了，这就看出基本功的重要。基本功差，一个思想表达得不生动，甚至表达得不完全，就像我们说话一样，有的人善于表达，有的人满肚子的话说不出来。生活本身就存在着认识能力和表达能力的差别。认识生活，然后再把它表达出来。我说的是用经过加工的文学语言，而不是日常生活中的口语。比如表现春天，春天是怎么个样子，用嘴讲和写成文字是不一样的。因为要进行修饰，有一个加工过程。否则，用录音机就行了。在文学语言中，怎样概括得更好、更生动、更形象，这又是一个提高的过程。这些就是基本功。

深入生活也是基本功。同样的生活，可以提炼出不同的主题，每个人可以找到不同的角度。这么强调，也许喜剧的成分多些；那么强调，也许成了悲剧。这就是观察生活的基本功。文学修养不只是技巧，也包括生活和思想。文学修养是无止境的，不仅新作家有这个问题，就是老作家也存在这个问题。不然，为什么老作家后期作品要比前期的作品好呢？年轻人喜欢华丽的辞藻，年纪大了追求的不一样了，丢掉华丽，要求单纯。读书也是这样。我年轻的时候喜欢屠格涅夫的华丽、明朗，文字很美，到中年就不大喜欢了，到老年又喜欢了，但这时不是喜欢他的华丽文字，而是喜欢他的创作典型。

在世界名著中我所喜欢的典型人物有巴尔扎克的高老头、塞万提斯的堂吉诃德，以及鲁迅先生《阿Q正传》中的阿Q，等等，这些典型都是集过去文学之大成所创造的典型。鲁迅刻画的阿Q是过去时代形成的阿Q，他所描写的是中华民族过去的农民的某种性格。但屠格涅夫所创造的典型，像《父与子》中的巴扎洛夫，是个虚无主义者。他这个典型是他新发现的，生活中刚刚有了苗头，他看见了，整个人物还没有形成，他就写出这个典型。这是我个人的看法。我对屠格涅夫的认识就经过这个过程，从喜欢到不大喜欢，又到喜欢。但这个过程的基本思想没有变；从复杂到单纯，从华丽到朴素。

我之所以这样谈，就是开始从事创作以来，最初没有重视基本功，走了些弯路，进步较慢，到现在、到前十年我才觉得基本功的重要，语言的重要。

现在谈谈散文和特写。从文体上讲，古人只分韵文和散文。现在不妨把散文这个概念再划分得细些，它可以包括特写、报告文学和一般散文等。我认为没有散文就没有诗歌，散文是基础。要把文字关把好。日常生活中，写信、记日记都很重要。每个人写信、写日记，切忌老套子，总要有点新的思想和独到的表现形式。而要搞文学创作，不妨一开始就从学习写散文或游记入手。我们还要锻炼对同一件事实，寻求多种表现方法。散文能锻炼一个人的文学修养，我国古代文学里有好多好散文，"五四"以后也有很多好散文，如朱自清，他的散文写得很美。再如当代的吴伯箫、杨朔、孙犁、菡子等，这些人散文都写得很好。要做到文字精练、准确，表现手法上有所追求，有所创新。散文是最基本的。一般搞文学的路子往往从散文开始，我认为写诗歌要有所突破比较难。写作也要从短小入手，写得越短越好，不要写得太长。五百字的文章不要写成一千或两千字。一篇通讯报道、一篇特写也要如此。报告文学要求新闻性和文学性，要把一个人的一生或者这个人的片段，或者某一个事迹，如实地描写出来。现在对报告文学有争论，有两种观点：一种是报告文学要真实，绝对真实，不能虚构。我认为报告文学就像轻骑兵一样，比小说来得快，来得直接，它用雄辩的事实或形象，给读者以强大的影响。而小说多半是用典型的人物、故事情节，施展它的潜移默化的作用。报告文学比通讯报道更有感染力，因为它具有艺术性。所以，我们在深入生活的时候，倘若你准备写小说，或者正在写，可是遇到一个材料可以写报告文学时，那你就不要放弃，应该坚持写报告文学。另一个观点是在真实性的基础上，允许有多一些艺术加工。现在，这样的作品不在少数，我们不妨把它叫作"特写"，既允许它存在，又加以区别。这种特写我觉得是介乎小说和报告文学之间的东西。特写也应该真实，在生活的真实中，要有具体事件，甚至有时间、地点。特写要有强烈的时代气息。但它在选材上、事件排列上、时间与空间的关系上，还有在主题的提炼上，允许有更多的艺术构思。最好的特写不仅要有事件的典型性，也要求有典型的人物。有些材料写不成小说，但可以写成特写。真正好的特写，假设里边有人物的话，也可以把它列入小说。好的特写可以写成小说，也可以成为散文，它们三者之间的界限很难划分。

我特别推崇特写，我的这个思想是从实践中来的，也带有探讨性质。最近好多文章，说它是特写，也可以说是散文。我是喜欢特写的，希望特写多一些。我最近编了一本《世界文学佳作八十篇》，三十五万字。在《时代的报告》第二期上，发了五篇，都是一千到五千字左右，都写得很精彩。有一篇《莎拉》，是美国作家高尔德写的，一千多字，写莎拉的一生。她经常被捕，被捕出来又干革命。它把人物形象塑造得很饱满，没有废话。你说它是小说、散文，还是特写呢？我看都是。我用这个例子说明，文章越短越好。写出一篇《莎拉》来，又是小说，又是特写，那多好。

1980年，我在《人民文学》上发表过一篇散文《火烧林》，两千字左右。这一篇是我1961年写的文章，写了以后没有发表，也没有收入《从冰斗到大川》集子。《火烧林》当时为什么没有发表呢？可能因为里边没有人物形象。这次我看可以，因为它具体描写了火烧林的灾难。森林里的树木为了抵抗风雪的袭击，互相拥抱在一起，形成自卫的力量。这一回大火烧来了，那种自卫的力量又使得它们互相燃烧起来。火是从哪里烧来的呢？也许是自然起火，也许是雷电引起的。因为热空气和冷空气交流，火势变大了。后来我就想这些树都是有用之材，例如里边有一棵树老死了，躺下了，正好落在峡谷的上面，它可以做桥，让人们踏着它的身躯走过去。你说它美不美呢？当然也不是太丑。后来我又写我们的植物考察组一路考察过来，同时也不放过这个地方的考察工作，因为它的次生林也生长起来了。这样前后连接起来，主题就比较突出了。两千多字很短，写的就是风、火、森林，再加上一些想象。发表不久，我收到四川一位爱好文学的青年的来信，题目叫《火烧林赞》，他说，他下放劳动很多年，他的身世是第三代的地富娃子，中学文化程度，买不起《人民文学》，从别人手里借了一本。他说，作品中写一棵树倒下去变成让人跨越的桥，这是我们一代人的理想。如果他不是一个大人的话，一定要大哭一场。他又说，是有这么一场大火，是从山顶上烧下来，一直到现在他还感到烤得不行。他又说，信写到这里，还不知道作者是谁，是一个林业工人呢，还是一座桥？要是桥的话，就从你的身上踩过去，要是林业工人的话，就看看他这次生林长得怎么样。信不长，文字不很讲究，但意境很深,从中可以看出来他是很有思想的,使我想到,他为什么看了文章以后要流泪呢?好像他自己被这场大火烧了,又想知道火是怎么烧起来的。好像他把这个"火烧林"当作"文化大革命"。他这个联想,使我深思。我写文章的时候,是1961年,我那时怎么能想到1966年的"文化大革命"呢?后来我想,是什么使他联想起来的呢?又是什么东西触动了他?我想最主要的是感情,我写《火烧林》的时候,是用了感情的,我想象过各种形象,它们怎么烧起来的,它们又是如何奋斗的。恐怕是这种感情感染了他。因此,我联想到这篇《火烧林》即使没有写到人,对自然界要是怀着深厚的感情,观察深刻,这样的作品也会感动人。

再讲一篇小说《足迹所到的地方》,发表在《当代》1981年第三期上。写的是考察队的生活,这支队伍怎么从北京出发,怎么一站一站地向前赶路,第一站在四川西昌,第二站到云南丽江。一路走,沿路集结,写了沿路的情况和考察生活。这里写了一个陕北土地革命老干部的形象。以考察队生活为主线,描写了我第一次如何看见这位副队长,也描写了后来他怎样一站一站地赶路,做后勤工作。见面时一个形象,沿路又一个形象,像个老干部的样子。在西昌开动员会,他怎么在会上唱歌。我又写他怎么参加革命的,怎样对枪有感情,他对队伍怎么爱,他怎么注意纪律。为了突出这个老干部的形象,我还写到他一起参加战斗的老战友,怎样从他身边一个个倒下去的,还写了绥德师范有几个干部子弟学生看了革命回忆录给他写信,希望他帮助自己找到父亲的坟墓。这个老干部就想利用自己的假期,帮他们找到这些烈士的坟墓。考察队里有个女青年是学土壤的,另外一个男青年是动物组的。这两个人都是陕北人,他俩有恋爱关系,但不在一个组。我是通过她自己搞土壤但不时提到动物方面的事情,来表达他们之间的爱情关系的。小说里副队长是这个女孩子的同乡,她盼望副队长来,他本应该来,却没有来,作为小说的悬念。后来副队长突然来了，先是打来一个电报：你们在原地不动，停止一切工作，学习安全条例。紧接着他却因为发生一件人身事故，坐吉普车赶来了。死者就是动物组那个陕北青年，他也向副队长请求过，要他找到自己父亲的尸骨。这次他本人却掉下大山，连尸体也没找到。文章最后提到一个问题：烈士的墓到底在哪里？在写作过程中，提出了这个问题。这篇小说提到的地点和考察生活都是实实在在的。材料都是真实的，甚至于路线，从哪里，又到哪里，都是真实的。但是，另外一条线的情节是虚构的，这种虚构是符合生活的真实，是合情合理的。我体会这就是说明生活真实和艺术真实的关系的一个例子，尽管这个例子不那么高明。怎么这么巧，路上出了人身事故，偏偏死的是那个陕北青年，一看就是虚构的，其实又是真的。雨果说："在舞台上有两种办法激起群众的热情，即通过伟大和真实。伟大掌握群众，真实抓住个人。"雨果又谈到莎士比亚，他说："莎士比亚虽然夸大了事物的比例，却保持事物的关系。"又说："《仲夏夜之梦》……是写什么？是虚构，是图案。图案在艺术中就像植物在大自然中一样。图案在一切幻想之上扩张、生长，互相衔接。落叶脱皮，繁殖变绿，开花生枝，图案永无止境，它有一种不可思议的生机。"现实主义与浪漫主义相辅相成，现实主义可以生发，把生活的真实构成艺术的真实。要有生发，但也要有比例。

生活真实和艺术真实又是怎么结合起来的呢？雨果说过："诗人可以把翅膀飞向天空，可是它也要有一双脚留在地上，我们看看他飞翔以后，也要看看他走路。"这就形象地说明了现实主义和浪漫主义两者的关系。

在文学创作中，不能忘记传统。我们要学习以前有过的一切，然后再往前走去。这就是要向传统学习，不要忘记传统。我们可以在这个基础上有所创造，但是不能完全不要传统。

我的意见是至少要读一点文学史，中国文学史和世界文学史，还有中国古代有名的小说。《红楼梦》《三国演义》要读，《聊斋志异》也要读。《聊斋志异》每篇从结构到故事都有创新的东西。另外，"五四"以后的东西，如鲁迅、郭沫若、茅盾、朱自清、闻一多这些大家的作品，不能全读，但要读一些。从"五四"一直到现在，你不全读，但至少找几套选集看看，开阔开阔眼界。我们都有过模仿阶段，多半是受到启发和某种影响开始写作的。这能说不要传统？如果说生活是食粮的话，传统就好比是空气，都是文学道路上的基石。这样，就需要认真学习，有了坚固的基石，才有自己的路。有了丰富的营养，才能形成自己的风格。这也算基本功里的一个。总之，学习过去的一切，然后走自己的路。

最后，我们应该想到如何运用社会主义制度的优越性，把个人写作和集体道路结合起来。写作是个人的精神劳动，这是别人代替不了的；但是要不要走集体道路，这个集体道路又怎么个走法，我想这是由于有了社会主义制度和它的优越性应运而生的命题。想想过去，旧时代的作家，他们多半靠个人奋斗，个人奋斗埋没了多少人才？即使在旧时代也离不开志同道合的结合，大家互相鼓励，互相支援，才能有所成就。像沙汀、艾芜等，我想他们是有所结合的。那时上海（20世纪）30年代有左联，个人奋斗又加上了同志关系，这是集体道路的雏形。现在新社会，也离不开个人努力。要练基本功，然后这条路怎么走，我想不应该再像过去那样了。个人关在房子里写作，然后投稿，然后登出来。这条路很长，很弯曲，有时一篇文章寄出去，编辑硬是压下来，这种例子多得很。《北京文学》发表的《内奸》，原投到别的刊物不发，而《北京文学》用了。延安的路遥，不也是一样吗？在新形势下，在已有的条件下，能不能走一条康庄大道，这就是集体学习的道路。就像今天地区召开的创作会议，形式很好，值得普遍推广。有计划地举行这样的会，就会对文学的繁荣起促进作用，像今天这个创作会议，重点抓创作，这很对。重点在于作品研究，大家带作品来讨论,这一环抓得对。抓作品,同时抓讨论,这就能互相提高。我们过去做得不够,所谓走弯路就是这样,一个人难以突破的时候,因为有了相互讨论,互相启发,提意见、开窍,也许一下子就跳上去了。

真正要想让文学事业繁荣起来,要抓创作会议这一环;创作会议还要抓作品讨论这一环。抓紧不放,每年要开它几次,大家带稿子来,大家参加讨论。这个工作还可以做得更细致一些,或者指定题目,或者有什么就带什么,或者只带个创作提纲。有作品研究,有创作提纲的讨论,这个工作就可以更细致一些了。讨论也可以漫无边际地发言,也可以有组织地发言,一个中心发言人,就要对作品进行重点准备,准备过程就是提高过程。现在是把作品拿上来讨论,能不能先在县里讨论,然后把讨论的意见一齐带上来,这样就会更有意义。因为经过县一级的讨论,水平提高一步,当地区一级再加以讨论的时候,无疑又会提高一步了。这样,把作品带来,而且把县里讨论意见也带上来,岂不更好吗?所以工作应该是越做越细,也应该发挥各级组织的作用。县里虽然没有文联,但实际上这样做,已经是文联的工作了。县里的创作组、文艺小组,要经常活动,再把这种活动汇总到地区来,这就变成从上到下,又是由下而上的有组织的活动。在创作上抓作品讨论,由一个组织做起,由学习做起,从没有变为有。这比直接投稿给编辑部压上半年,什么意见也没提,要好得多。小组讨论可以听到不同意见,善于提问题,就是锻炼识别的能力。抓住讨论这个环节,提问题就是进步,不想问题就进步不了。会上抓作品讨论,会下抓组织工作。由集体推荐作品,比一个人在那里乱碰乱摸要好得多。我们现在就吃了走弯路的亏。另外,我们不要丧失信心,要有点骨气,要自负,鼓劲。不论做什么,都要从基本点出发。中国革命,有二万五千里长征,同时李子洲、魏野畴从榆林到绥德到米脂,把马列主义传播下来,不然的话,就没有陕北的"土地革命"。没有陕北的"土地革命",红军长征到达陕北,也不会顺利地进行抗战。这话也许讲得不全面,但确实是这样。

        1981年8月10日
      在陕西榆林地区创作座谈会上的发言